다락원 일본어 마스터 ③

일본어 마스터를 위한 나침반

다락원 마스터 일본어 ③

지은이 박민영, 최충희, 김유천, 사카구치 사야카, 세라쿠 토오루
펴낸이 정규도
펴낸곳 (주)다락원

초판 1쇄 발행 2018년 2월 12일
초판 5쇄 발행 2025년 8월 4일

책임편집 송화록, 한누리, 손명숙
디자인 정현석, 이승현
일러스트 김희선, 야하타 에미코, 이예숙
사진 제공 셔터스톡, JNTO

㈜다락원 경기도 파주시 문발로 211
내용문의 (02)736-2031 내선 460~465
구입문의 (02)736-2031 내선 250~252
Fax: (02)732-2037
출판등록 1977년 9월 16일 제406-2008-000007호

Copyright © 2017, 박민영, 최충희, 김유천, 사카구치 사야카, 세라쿠 토오루

저자 및 출판사의 허락 없이 이 책의 일부 또는 전부를 무단 복제·전재·발췌할 수 없습니다. 구입 후 철회는 회사 내규에 부합하는 경우에 가능하므로 구입문의처에 문의하시기 바랍니다. 분실·파손 등에 따른 소비자 피해에 대해서는 공정거래위원회에서 고시한 소비자 분쟁 해결 기준에 따라 보상 가능합니다. 잘못된 책은 바꿔 드립니다.

ISBN 978-89-277-1162-9 18730
　　　978-89-277-1159-9(set)

http://www.darakwon.co.kr

- 다락원 홈페이지를 방문하시면 상세한 출판 정보와 함께 동영상강좌, MP3 자료 등 다양한 어학 정보를 얻으실 수 있습니다.
- 표지의 QR코드를 스캔하시면 MP3 파일 및 관련자료를 다운로드 하실 수 있습니다.

머리말

일본에서 나온 책 중에 『舟を編む(배를 엮다)』라는 소설이 있습니다. 애니메이션과 영화로도 만들어진 이 작품은 『大渡海』라는 일본어 대국어사전을 만드는 편집부의 애환을 그린 내용으로, 「辞書は言葉という大海原を航海するための船である(사전은 언어라는 망망대해를 항해하기 위한 배이다)」라고 하며 '사전'을 만드는 작업을 '배'를 엮는 과정에 비유하고 있습니다. 다시 말해서 '사전'이라는 배가 없으면 우리는 바다를 건널 수단이 없는 셈입니다.

그럼 일본어 교재란 무엇일까요?

일본어 교재는 망망대해를 건너기 위한 배뿐만 아니라 길을 알려주는 나침반도 되어, 여러분이 무사히 항해를 마칠 수 있도록 도와 주는 최상의 수단이라고 생각합니다.

세상에는 바다를 건널 수 있는 배가 참 많이 있습니다. 그러나 믿고 편안하게 항해할 수 있는 튼튼한 배인지, 가야할 길을 제대로 알려주는 정확한 나침반이 있는지 꼼꼼히 살펴보아야 한다고 생각합니다. 본 교재가 일본어 실력 향상으로 가는 가장 좋은 항로가 되기를, 또한 여러분의 항해가 즐겁고 편안하기를 기대해 봅니다.

저자 대표 **박민영**

이 책의 구성과 특징

기초 일본어부터 단계별로 차근차근 마스터!
듣기, 말하기, 읽기, 쓰기 능력을 한꺼번에 마스터!
일본어 어학 연수라는 상황에서 배우는 실전 일본어 마스터!

학습목표
학습목표와 사진으로 실제 상황을 제시하여 이 과에서 배울 내용에 대한 예측 및 호기심을 유발합니다.

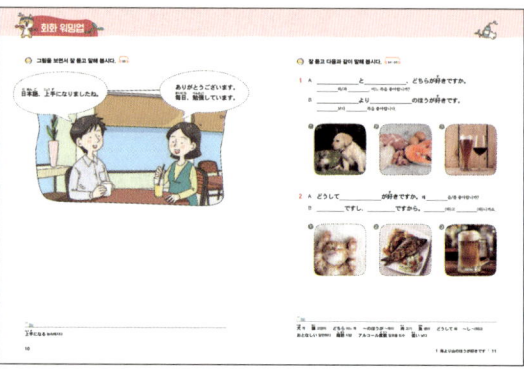

회화 워밍업
이 과에서 가장 핵심이 되는 표현을 듣고 따라 말함으로써 일본어에 대한 이해를 유도합니다. 또한 그림을 보고 듣고 따라 말하면서 주요 표현에 대한 선행 학습이 가능합니다.

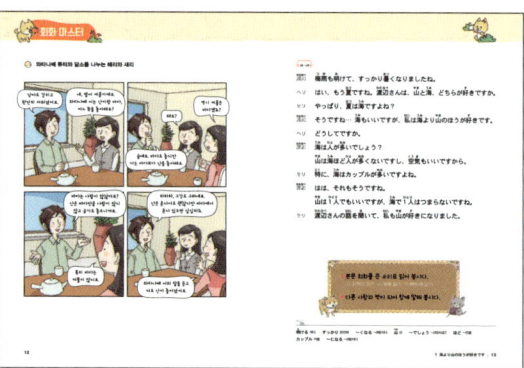

회화 마스터
일본에서 어학 연수를 하면서 벌어지는 다양한 상황을 만화로 재미있게 구성하였습니다. 실제 상황을 통해 주요 단어와 문형에 대한 심화 학습을 합니다.
※ 회화 마스터의 음성 파일은 '느린 속도, 보통 속도, 빠른 속도' 세 가지 버전으로 들을 수 있습니다.

문법 마스터
문법에 관한 언어 지식을 예문과 함께 이해하기 쉽게 설명하였습니다. 『다락원 일본어 마스터 ❸』에서는 JLPT(일본어능력시험) N4 수준의 문법을 학습합니다.

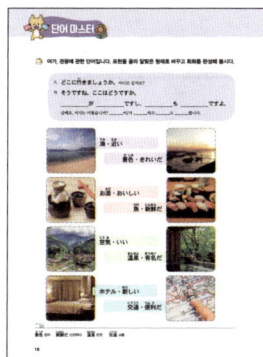
단어 마스터
본문과 관련된 단어를 확장 연습합니다.

말하기 & 읽기 마스터
어휘 치환을 통한 말하기 반복 연습과 읽기를 통한 내용 확인으로 주요 표현에 대한 운용력을 향상합니다.
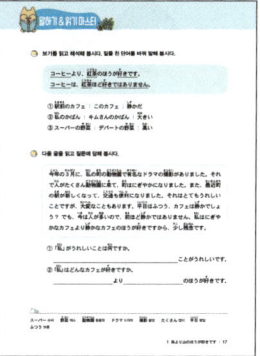

쓰기 마스터
쓰기 연습을 통해 주요 표현을 이해하고 확인 학습을 합니다.
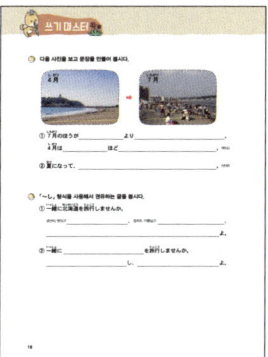

한자 마스터
일본어 상용한자를 연습합니다.

일본 문화 즐기기
본문과 관련된 일본 문화를 소개하여 언어 지식과 문화 내용을 연계 학습합니다.

부록 : 스크립트와 모범 답안, 문법 찾아보기, 단어 찾아보기
부록에는 본문에 실리지 않은 '회화 워밍업' 해석과 스크립트, '단어 마스터', '말하기&읽기 마스터', '쓰기 마스터'의 모범 답안을 실었습니다. 또한 문법 찾아보기와 단어 찾아보기를 통해 이 책에서 배우는 문법과 단어를 어느 과에서 학습했는지 쉽게 찾아볼 수 있습니다.

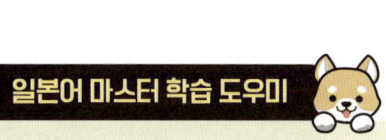
일본어 마스터 학습 도우미

● **별책: 워크북**
워크북으로 책에서 학습한 내용을 복습합니다.

● **MP3 파일**
'회화 워밍업'과 '회화 마스터'를 음성으로 들을 수 있습니다. '회화 마스터'는 '느린 속도, 보통 속도, 빠른 속도' 세 가지 버전입니다. 트랙 번호는 각 페이지를 참고해 주세요.

 ▷ 스마트폰
스마트폰으로 QR코드를 스캔하면 다락원 홈페이지의 본책 페이지로 바로 이동합니다. 'MP3 듣기' 버튼을 클릭합니다. 모바일로 접속하면 회원 가입과 로그인 절차 없이 바로 MP3 파일을 듣거나 다운로드 받을 수 있습니다.

▷ PC
다락원 홈페이지(www.darakwon.co.kr)에 접속하여 검색창에 '다락원 일본어 마스터 3'을 검색하면 자료실에서 MP3 파일을 듣거나 다운로드 받을 수 있습니다. 간단한 회원 가입 절차가 필요합니다.

목차

머리말
이 책의 구성과 특징
주요 등장인물

1 海(うみ)より山(やま)のほうが好(す)きです　　9
① 형용사의 변화「〜くなる / 〜になる」
② 비교「〜より〜のほうが〜い(だ)・〜は〜ほど〜くない(ではない)」
③ 확인「〜でしょう」　　④ 나열「〜し、」

2 花火大会(はなびたいかい)に行(い)くつもりです　　21
① 동사의 명사수식형
② 예정「〜つもり / 〜予定(よてい)」
③ 시간 관계「〜前(まえ)に・〜後(あと)」

3 花火(はなび)を見(み)るのは好(す)きです　　33
① 형식 명사「〜の」　　② 상태「〜て/でいる」
③ 가능성「〜かもしれない」

4 サークルも忙(いそが)しいんです　　45
① 사정 설명「〜のだ(のです) / 〜んだ(んです)」
② 제안「〜ましょうか」　　③ 부가「〜だけではなく(て)」

5 ギターを弾(ひ)くことができます　　57
① 전문「〜そうだ」
② 가능「〜ができる / 〜ことができる」　　③ 동사의 가능형「〜える / 〜(ら)れる」

6 この書類(しょるい)、なくさないでくださいね　　69
① 동사의 부정형「〜ない」　　② 금지「〜ないでください」
③ 규칙「〜なくてはいけない」・허용「〜なくてもいい」

7 少し高すぎませんか　　　　　　　　　　　　　　81
① 과도「〜すぎる」
② 조언「〜た/だほうがいい・〜ないほうがいい」
③ 결정「〜にする」

8 セリに買いに行かせました　　　　　　　　　　　93
① 동사의 사역형「〜(さ)せる」
② 추량「〜らしい」
③ 추량「〜ようだ」

9 犬に手をかまれたんです　　　　　　　　　　　105
① 동사의 수동형「〜(ら)れる」
② 완료(후회+유감)「〜て/でしまう」

10 雨が降ったら、カフェに行きましょう　　　　117
① 조건「〜と」
② 조건「〜ば」
③ 조건「〜たら」
④ 조건「〜なら」

11 このお店にしようか　　　　　　　　　　　　129
① 보통체
② 동사의 의지・청유형「〜(よ)う」
③ 의견「〜と思う」
④ 양태「〜そうだ」

12 年越しそばを召し上がりますか　　　　　　　143
① 존경 표현
② 겸양 표현

부록　　　　　　　　　　　　　　　　　　　　157
스크립트 및 모범 답안
문법 찾아보기
단어 찾아보기

주요 등장인물

해리와 새리는 1년 동안 일본에 어학 연수를 와 있습니다. 수업에도 익숙해지고 동아리에도 가입하여 친구들이 생겼습니다. 계절은 여름이 되었고 일본어 실력을 높이기 위해 열심히 공부합니다.

김해리(金・ヘリ)

쌍둥이 언니.
한국대학 국어국문학과 2학년.
차분한 성격.

김새리(金・セリ)

쌍둥이 여동생.
한국대학 경제학과 2학년.
활발하고 적극적인 성격.

와타나베 켄타(渡辺健太)

해리와 새리의 튜터.

왕낭밍(王南明)

해리와 같은 반. 중국인 유학생.

다나카 유스케(田中祐介)

새리네 반 일본어 선생님.

케빈 브라운(ケビン・ブラウン)

새리와 같은 반. 미국인 유학생.

1

海より山のほうが好きです

학습목표

1_ 형용사의 변화 「～くなる / ～になる」
2_ 비교 「～より～のほうが～い(だ)・～は～ほど～くない(ではない)」
3_ 확인 「～でしょう」
4_ 나열 「～し、」

회화 워밍업

🟡 그림을 보면서 잘 듣고 말해 봅시다.

日本語、上手になりましたね。

ありがとうございます。
毎日、勉強しています。

上手になる 능숙해지다

잘 듣고 다음과 같이 말해 봅시다. 04~05

1 A ＿＿＿＿＿と＿＿＿＿＿、どちらが好きですか。
　　　　＿＿＿＿와/과 ＿＿＿＿, 어느 쪽을 좋아합니까?

　　B ＿＿＿＿＿より＿＿＿＿＿のほうが好きです。
　　　　＿＿＿＿보다 ＿＿＿＿쪽을 좋아합니다.

 ❶
 ❷
 ❸

2 A どうして＿＿＿＿＿が好きですか。 왜 ＿＿＿＿을/를 좋아합니까?

　　B ＿＿＿＿ですし、＿＿＿＿ですから。 ＿＿＿＿(하)고 ＿＿＿＿(하)니까요.

 ❶
 ❷
 ❸

犬 개　猫 고양이　どちら 어느 쪽　～のほうが ~쪽이　肉 고기　魚 생선　どうして 왜　～し ~(하)고
おとなしい 얌전하다　脂肪 지방　アルコール度数 알코올 도수　低い 낮다

회화 마스터

🌕 **와타나베 튜터와 담소를 나누는 해리와 새리**

渡辺 　梅雨も明けて、すっかり暑くなりましたね。

ヘリ 　はい、もう夏ですね。渡辺さんは、山と海、どちらが好きですか。

セリ 　やっぱり、夏は海ですよね？

渡辺 　そうですね…海もいいですが、私は海より山のほうが好きです。

ヘリ 　どうしてですか。

渡辺 　海は人が多いでしょう？
　　　山は海ほど人が多くないですし、空気もいいですから。

セリ 　特に、海はカップルが多いですよね。

渡辺 　はは、それもそうですね。
　　　山は1人でもいいですが、海で1人はつまらないですね。

セリ 　渡辺さんの話を聞いて、私も山が好きになりました。

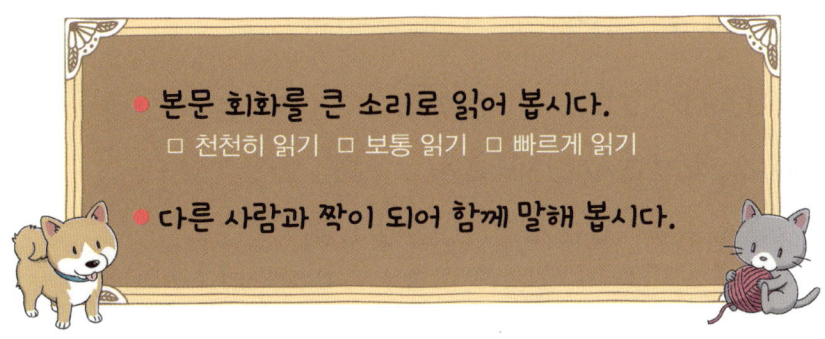

明ける 개다　　すっかり 완전히　　〜くなる 〜(해)지다　　山 산　　〜でしょう 〜(하)지요?　　ほど 〜만큼
カップル 커플　　〜になる 〜(해)지다

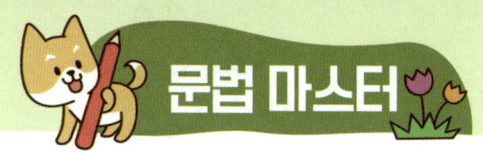
문법 마스터

1
い형용사 ～**い** くなる
な형용사 ～**な** になる　～(해)지다

「なる(되다)」는 '변화'를 나타내는 동사이다. 형용사가「なる」와 접속할 때는 형태가 바뀌는데 い형용사는「～く＋なる」, な형용사는「～に＋なる」가 된다.

A　もうすぐ夏ですね。 이제 곧 여름이네요.
B　はい、少し暑くなりましたね。 네, 조금 더워졌어요.

A　この町もすっかり変わりましたね。 이 거리도 완전히 변했군요.
B　はい、新しい建物もたくさんできて、にぎやかになりましたね。
　　네, 새로운 건물도 많이 생기고 시끌벅적해졌어요.

2
AよりBのほうが～い(だ)　A보다 B이/가 ～(하)다
AはBほど～くない(ではない)　A은/는 B만큼 ～(하)지 않다

양자를 비교할 때는 비교의 기준을 나타내는「～より」와「～のほうが」가 함께 사용되는 것이 일반적이다. 경우에 따라서「～のほう」는 생략되기도 한다. 한편 부정문을 만들 때는「～ほど」를 사용하여 비교의 대상을 나타낸다.

A　セリさんはヘリさんより背が高いですか。 새리 씨는 해리 씨보다 키가 큽니까?
B　いいえ、セリさんはヘリさんほど高くありません。
　　セリさんよりヘリさんのほうが少し高いです。
　　아뇨, 새리 씨는 해리 씨만큼 크지 않습니다. 새리 씨보다 해리 씨가 조금 큽니다.

変わる 바뀌다, 변하다　　背が高い 키가 크다

3 ～でしょう   ～(하)지요?

「～でしょう」는 원래 '추량'을 나타내는 표현이지만 경우에 따라서는 「～ですか」보다 부드럽게 상대방의 의향을 묻거나 확인하기 위해서 사용된다. '확인'의 경우에는 인토네이션이 올라가는 경우가 많고 「でしょ？」와 같이 짧게 발음되기도 한다. 「～でしょう」는 명사 기본형과 な형용사의 어간, 동사와 い형용사의 종지형에 접속한다.

A 今度の日本語能力試験、金さんも受けるでしょう？
　　이번 일본어능력시험, 김 씨도 볼 거죠?

B いいえ、僕はまだまだです。頑張って来年受けるつもりです。
　　아니요, 저는 아직 멀었어요. 열심히 해서 내년에 볼 생각입니다.

> **TIP** 종지형이란 기본형을 포함하여, 문장을 끝맺을 수 있는 모든 보통체 활용형을 말한다.
> 예 行く 가다   行きたい 가고 싶다   行っている 가 있다

4 ～し、   ～(하)고

「～し」는 접속조사로서 두 가지 이상을 나열할 때 사용된다. 사용 범위가 넓어서 거의 모든 술어의 종지형에 접속하며 정중체에도 사용된다.

A 天気が悪くなりましたね。 날씨가 나빠졌어요.

B そうですね。風も強いですし、雷も鳴っていますね。
　　그러네요. 바람도 강하고 천둥도 치고 있어요.

日本語能力試験 일본어능력시험　受ける 받다, (시험을) 보다　まだまだ 아직　来年 내년　つもり ～(할) 생각, ～(할) 예정
雷 천둥　鳴る 치다, 울리다

단어 마스터

🌼 여가, 관광에 관한 단어입니다. 표현을 골라 알맞은 형태로 바꾸고 회화를 완성해 봅시다.

A どこに行きましょうか。 어디로 갈까요?
B そうですね。ここはどうですか。
　_____が_____ですし、_____も_____ですよ。
글쎄요. 여기는 어떻습니까? _____이/가 _____하고 _____도 _____합니다.

海・近い

景色・きれいだ

お酒・おいしい

魚・新鮮だ

空気・いい

温泉・有名だ

ホテル・新しい

交通・便利だ

景色 경치　新鮮だ 신선하다　温泉 온천　交通 교통

말하기 & 읽기 마스터

🟡 보기를 읽고 해석해 봅시다. 밑줄 친 단어를 바꿔 말해 봅시다.

> <u>コーヒー</u>より、<u>紅茶</u>のほうが<u>好き</u>です。
> <u>コーヒー</u>は、<u>紅茶</u>ほど<u>好き</u>ではありません。

① 駅前のカフェ｜このカフェ｜静かだ
② 私のかばん｜キムさんのかばん｜大きい
③ スーパーの野菜｜デパートの野菜｜高い

🟡 다음 글을 읽고 질문에 답해 봅시다.

> 今年の3月に、私の町の動物園で有名なドラマの撮影がありました。それで人がたくさん動物園に来て、町はにぎやかになりました。また、最近町の駅が新しくなって、交通も便利になりました。それはとてもうれしいことですが、大変なこともあります。平日はふつう、カフェは静かでしょう？ でも、今は人が多いので、前ほど静かではありません。私はにぎやかなカフェより静かなカフェのほうが好きですから、少し残念です。

① 「私」がうれしいことは何ですか。
　_____ ことがうれしいです。
② 「私」はどんなカフェが好きですか。
　_____ より _____ のほうが好きです。

スーパー 슈퍼　野菜 채소　動物園 동물원　ドラマ 드라마　撮影 촬영　たくさん 많이　平日 평일
ふつう 보통

쓰기 마스터

🌕 다음 사진을 보고 문장을 만들어 봅시다.

① ７月のほうが＿＿＿＿＿＿より＿＿＿＿＿＿＿＿＿＿＿＿＿＿＿。

　４月は＿＿＿＿＿＿ほど＿＿＿＿＿＿＿＿＿＿＿＿＿＿＿＿＿。(비교)

② 夏になって、＿＿＿＿＿＿＿＿＿＿＿＿＿＿＿＿＿＿＿＿＿＿。(변화)

🌕 「～し」형식을 사용해서 권유하는 글을 봅시다.

① 一緒に北海道を旅行しませんか。

생선이 맛있고＿＿＿＿＿＿＿＿＿＿、경치도 아름답고＿＿＿＿＿＿＿＿＿＿、

＿＿＿＿＿＿＿＿＿＿＿＿＿＿＿＿＿＿＿＿＿＿＿＿＿＿＿＿＿よ。

② 一緒に＿＿＿＿＿＿＿＿＿＿＿を旅行しませんか。

＿＿＿＿＿＿＿＿＿＿＿＿＿し、＿＿＿＿＿＿＿＿＿＿＿＿＿よ。

한자 마스터

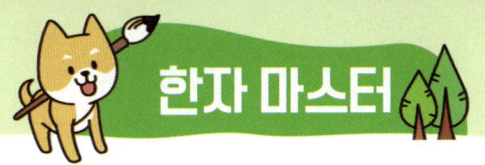

🟡 한자를 따라 써 봅시다.

さかな 魚	魚		
かみなり 雷	雷		
な 鳴る	鳴る		
おん せん 温泉	温泉		
こう つう 交通	交通		
や さい 野菜	野菜		

1 海より山のほうが好きです

일본 문화 즐기기

후지산(富士山)

- 일본을 대표하는 산은 단연 후지산(富士山)이다. 일본 혼슈(本州)의 중앙 시즈오카현(静岡県)과 야마나시현(山梨県)에 걸쳐 위치하고 있으며 해발 3,776미터로 일본에서 제일 높은 산이다. 1707년 이후 300년 동안 폭발한 적은 없지만 여전히 살아 있는 활화산이다.

- 일본에서 가장 높고 아름다운 자태를 자랑하는 후지산은 예부터 일본의 상징으로 여겨져 왔다. 2013년에는 '후지산-신앙의 대상과 예술의 원천(富士山-信仰の対象と芸術の源泉)'이라는 이름으로 세계문화유산에 등재되었다.

- 후지산은 일찍이 산악신앙의 숭배 대상이 되었으며 산꼭대기에는 센겐신사(浅間神社)가 있다. 신앙적 목적인 후지산 등반은 일찍이 헤이안시대(平安時代, 794~1192)에 시작되어 에도시대(江戸時代, 1603~1868) 이후 서민들 사이에 널리 성행하게 되었다. 또한 후지산은 고대부터 수많은 문예 예술 작품 속에 등장해 왔다. 특히 회화에서는 가쓰시카 호쿠사이(葛飾北斎)의 우키요에(浮世絵) 작품 『부악삼십육경(富嶽三十六景)』이 잘 알려져 있다.

- 후지산에 대한 각별함 때문에 일본 각지에는 '후지(富士)'가 붙는 지명이 대단히 많다. 예를 들어 시즈오카현에는 후지시(富士市), 후지노미야시(富士宮市) 등이 있다. 또한 새해 첫 꿈(初夢)으로 '첫째 후지산, 둘째 매, 셋째 가지(一富士、二鷹、三茄子)'가 좋다는 말도 있다.

2

花火大会に行くつもりです
はなびたいかい　　い

학습목표

1_ 동사의 명사수식형
2_ 예정「～つもり / ～予定」
　　　　　　　　　　よてい
3_ 시간 관계「～前に・～後」
　　　　　　　まえ　　あと

🌕 그림을 보면서 잘 듣고 말해 봅시다. 🎧10

▸
ヨーロッパ 유럽

🌕 그림을 보면서 잘 듣고 말해 봅시다. 🎧 11~12

1 A **週末はどうしますか。** 주말은 어떻게 보내나요?

B _____ **つもりです。** _____ (할) 생각입니다.

2 A _____ **前に、本屋に寄ってもいいですか。**
　　　_____ (하)기 전에 서점에 들러도 괜찮습니까?

B **いいですよ。** 좋아요.

恋人 애인, 연인　　クラシック 클래식　　寄る 들르다

회화 마스터

🎾 **테니스 연습을 마치고 동아리 선배와 담소를 나누는 새리**

드디어 다음 주는 합숙이네요.

합숙에 가기 전에 뭔가 준비할 것이 있어요?

테니스 라켓이랑 운동화는 물론 필요해요. 그리고 마지막 날은 바다에서 놀 예정이에요. 수영복이랑 샌달은 있어요?

아 수영복은 없어요. 오늘 연습이 끝난 후 사러 갈게요.

새리 씨는 합숙 후 여름방학 동안 어딘가 가나요?

8월에 불꽃놀이에 갈 예정이에요. 불꽃을 보기 전에 포장마차 분위기도 즐기고 싶어요. 포장마차에서는 뭔가 추천할 만한 게 있나요?

글쎄요. 개인적으로는 야키소바랑 설탕을 녹여 바른 사과를 추천해요.

🎧 13~15

先輩 いよいよ来週は合宿ですね。

セリ 合宿に行く前に、何か準備するものがありますか。

先輩 テニスのラケットやシューズはもちろん必要です。

それに、最終日は海で遊ぶ予定ですよ。

水着やサンダルはありますか。

セリ あ、水着はありません。今日の練習が終わった後、買いに行きます。

先輩 セリさんは合宿の後、夏休み中にどこか行きますか。

セリ 8月に花火大会に行くつもりです。

花火を見る前に、屋台の雰囲気も楽しみたいです。

屋台では何かおすすめがありますか。

先輩 そうですね、個人的には焼きそばや、りんごあめがおすすめです。

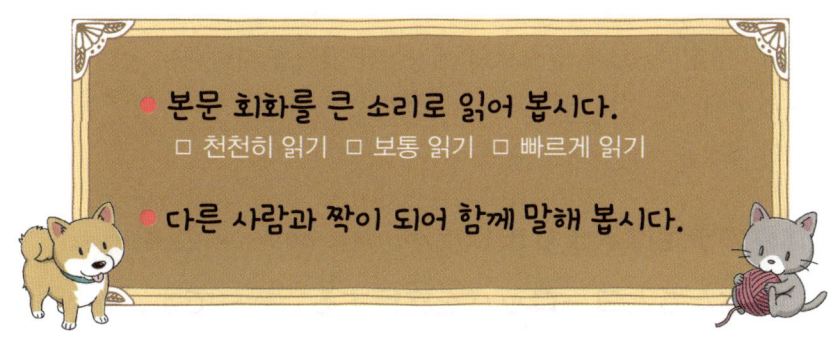

● 본문 회화를 큰 소리로 읽어 봅시다.
  □ 천천히 읽기 □ 보통 읽기 □ 빠르게 읽기

● 다른 사람과 짝이 되어 함께 말해 봅시다.

いよいよ 드디어, 이윽고	ラケット 라켓	シューズ 신발, 운동화	もちろん 물론	最終日 마지막 날	遊ぶ 놀다
水着 수영복	サンダル 샌들	~た後 ~(한) 후에	花火大会 불꽃놀이	屋台 포장마차	雰囲気 분위기
楽しむ 즐기다	おすすめ 추천, 추천할 만한 것	個人的 개인적	焼きそば 야키소바	りんごあめ 설탕을 녹여 바른 사과	

문법 마스터

① 동사 종지형 + 명사 동사의 명사수식형

명사를 수식할 때 동사는 기본형을 포함하여 「〜ている(〜(하)고 있다), 〜た(〜(했)다), 〜たい(〜(하)고 싶다)」등의 보통체 종지형을 사용한다.

> **TIP** 종지형이란 기본형을 포함하여, 문장을 끝맺을 수 있는 모든 보통체 활용형을 말한다.
> 山に行く 산에 간다(기본형). → 山に行く人 산에 가는 사람
> 山に行った 산에 갔다(〜た형). → 山に行った人 산에 간 사람

A 田中さんの隣にいる人、だれですか。 다나카 씨 옆에 있는 사람 누구입니까?
B あ、田中さんの妹です。かわいいでしょう。
  아, 다나카 씨의 여동생입니다. 귀엽지요?

A 昨日行ったお店、本当においしかったですね。 어제 간 가게, 정말 맛있었어요.
B 最高でした。1時間も待ったかいがありましたね。
  최고였습니다. 한 시간이나 기다린 보람이 있었어요.

② 〜つもり/〜予定 〜(할) 생각, 〜(할) 예정

「つもり」와「予定」는 모두 앞으로의 예정이나 계획을 나타내는 동의어로서 동사의 기본형인 する형에 접속한다. 일본의 고유어인「つもり」가 한자어인「予定」보다 개인적이고 사적인 예정을 서술한다는 점에서 뉘앙스가 다르다.

A 夏休みの予定は決まりましたか。 여름 방학의 예정은 정해졌습니까?
B はい、友だちとヨーロッパを旅行するつもりです。
  네, 친구와 유럽을 여행할 생각입니다.

妹 여동생   最高 최고   かい 보람   決まる 정해지다

A この後の予定は？ 이후의 예정은?

B 入学式の後、オリエンテーションに出席する予定です。
입학식 후, 오리엔테이션에 참석할 예정입니다.

③ ～(する)前に ~(하)기 전에・～(した)後(で/に) ~(한) 후

시간의 전후 관계를 나타내는 표현이다. 「～前」는 동사의 기본형에 접속하여 '~(하)기 전'을 나타내며 「～後」는 동사의 「～た형」에 접속하여 '~(한) 후'를 나타낸다.

A ご飯を食べる時のあいさつを教えてください。
밥을 먹을 때의 인사를 가르쳐 주세요.

B はい、ご飯を食べる前には「いただきます」と言って、ご飯を食べた後は「ごちそうさまでした」と言います。
네, 밥을 먹기 전에는 「いただきます」라고 하고 밥을 먹은 후는 「ごちそうさまでした」라고 합니다.

A このかばん、かわいくて買いましたが、結局一度も使っていません。
이 가방 귀여워서 샀는데 결국 한번도 쓰지 않았어요.

B 買う前にはほしいと思っても買った後に後悔すること、私もよくあります。 사기 전에는 갖고 싶다고 생각해도 산 후에 후회하는 일이 저도 자주 있어요.

出席する 출석하다, 참석하다   教える 가르치다   結局 결국   後悔する 후회하다

단어 마스터

🌼 단어를 골라 빈칸에 넣고 '여름방학 계획'에 관한 회화를 완성해 봅시다.

A 夏休み、何をする予定ですか。 여름방학에 무엇을 할 예정입니까?
B 今年の夏は、_____ つもりです。 올해 여름은 _____ (할) 예정입니다.

車の免許を取ります

塾で英語を教えます

通訳のアルバイトをします

日本語能力試験を受けます

恋人を作ります

北海道を車で旅行します

ワインの教室に通います

イタリア料理を習います

免許 면허　　取る 따다, 취득하다　　塾 학원　　通訳 통역　　作る 만들다　　通う 다니다　　イタリア 이탈리아

말하기 & 읽기 마스터

🌕 보기를 읽고 해석해 봅시다. 밑줄 친 단어를 바꿔 말해 봅시다.

> バスに乗る前に、電話をします。
> 電話をした後、バスに乗ります。

① プレゼントを買う ｜ サイズを聞く
② テストを受ける ｜ トイレに行く
③ 花火をする ｜ 海で遊ぶ

🌕 다음 글을 읽고 질문에 답해 봅시다.

> 今年の夏、私は車の免許を取るつもりです。それで、免許の合宿に行く前に翻訳のアルバイトをして、合宿のお金を準備します。また免許の試験を受ける前には練習をたくさんして、1回で合格するつもりです。車の免許を取った後は、家族と車で旅行したいです。それに、8月には彼女と海に行く予定です。海で遊んだ後、近くのお店で新鮮な魚を食べるつもりです。電車より車のほうが便利ですから、海に行く前に免許を取りたいです。

① いつ、何のアルバイトでお金を準備しますか。
　_____ 前に _____ でお金を準備します。

② 免許の合宿では、どうするつもりですか。
　_____ つもりです。

聞く 질문하다　翻訳 번역　合格 합격　彼女 여자친구

2 花火大会に行くつもりです ｜ 29

🟡 **빈칸을 채워서 글을 완성해 봅시다.**

1 밥을 먹기 전과 먹은 후에 할 행동을 자유롭게 써 봅시다.

① 밥을 먹기 전에 _____、手を洗いましょう。

② 밥을 먹은 후 _____、歯をみがきましょう。

2 데이트 가기 전과 후에 할 행동을 자유롭게 써 봅시다.

① _____ 前に、_____。

② _____ 後、_____。

🟡 **다음 그림을 보고 질문에 맞는 답을 써 봅시다.**

① ２６日は何をする予定ですか。
　　２６日は友だちが遊びに来る前に、_____。

② ２８日はだれと、どこで、何をする予定ですか。
　　_____。

③ あなたは来週、何をする予定ですか。
　　_____。

洗う 씻다　歯 이　みがく 닦다　美術館 미술관　湖 호수　ボート 보트

한자 마스터

🟡 한자를 따라 써 봅시다.

あそ 遊ぶ	遊ぶ		
じゅん び 準備	準備		
はな び 花火	花火		
こい びと 恋人	恋人		
さい こう 最高	最高		
がっ しゅく 合宿	合宿		

일본 문화 즐기기

일본의 불꽃놀이 대회(花火大会)와
포장마차(屋台)

- 일본에서 불꽃놀이(花火)라고 하면 가장 여름다운 풍물이며, 여름이면 전국 각지에서 수많은 불꽃놀이 대회(花火大会)가 열린다.

- 일본의 불꽃놀이는 17세기 후반 포르투갈에서 화약기술과 함께 전해졌다고 한다. 1613년 도쿠가와 이에야스(徳川家康)가 외국 사절단이 보여준 불꽃놀이를 구경했다는 것이 일본 불꽃놀이 역사의 시작이라고 한다. 그 후 에도시대(江戸時代, 1603~1868)에 불꽃놀이가 크게 발전하고 유행하게 되었다.

- 오늘날의 불꽃놀이 대회의 효시는 1733년 열린 에도(江戸, 현재의 도쿄) 스미다 강(隅田川)의 료고쿠(両国) 불꽃놀이 대회이다. 지난해에 일어난 대기근과 역병의 유행으로 다수의 사망자가 발생하자 스미다 강에서 위령제가 열렸고 이때 불꽃을 쏘아 올린 것이 계기가 되어 스미다 강의 강놀이 개시(川開き)를 축하하는 불꽃놀이 축제로 발전하게 되었다고 한다.

- 불꽃놀이 대회에는 '야타이(屋台)'라고 불리는 포장마차가 빠질 수 없다. 다코야키(たこ焼き), 야키소바(焼きそば), 솜사탕(綿菓子), 닭꼬치(焼き鳥), 설탕을 녹여 바른 사과(りんご飴), 초코바나나(チョコバナナ) 등 다양한 먹거리를 비롯하여 금붕어 잡기(金魚すくい), 사격(射的) 등 오락을 즐길 수 있는 야타이가 즐비하다.

3

花火を見るのは好きです
(はなび)(み)(す)

학습목표

1_ 형식 명사「〜の」
2_ 상태「〜て/でいる」
3_ 가능성「〜かもしれない」

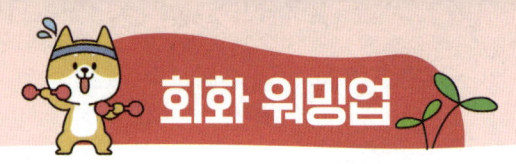

🟡 그림을 보면서 잘 듣고 말해 봅시다. 🎧17

▸ 人前(ひとまえ) 남의 앞, 대중 앞   話(はな)すの 이야기하는 것

🟡 **그림을 보면서 잘 듣고 말해 봅시다.** 🎧 18~19

1 A 大丈夫ですか。 괜찮습니까?

　　B 実は、＿＿＿＿＿＿が苦手で…。 실은 ＿＿＿＿ 가 서툴러서….

❶

❷

❸

2 A 今晩、駅前のレストランに行きませんか。
　　　오늘 밤 역 앞의 레스토랑에 가지 않겠습니까?

　　B いいですね。あ、でも、＿＿＿＿＿＿かもしれないですよ。
　　　좋아요. 아, 그렇지만 ＿＿＿＿ (일/할)지도 몰라요.

❶

❷

❸

今晩 오늘 밤 　休み 휴일, 휴가 　~かもしれない ~(일/할)지도 모른다 　残業 잔업, 야근

3 花火を見るのは好きです | 35

🌕 와타나베 튜터와 불꽃놀이를 보러 간 해리와 새리

渡辺	あれ、ケビンさんは？
セリ	風邪で寝込んでいるので、今日は来ません。
渡辺	そうですか、心配ですね。帰る時に何かお土産を買いましょう。
ヘリ	そういえば、渡辺さん、人が多いのが苦手ですよね。今日はありがとうございます。
渡辺	いや、まあ、花火を見るのは好きですから。ところで二人とも、今日の浴衣、素敵ですね。
セリ	似合っていますか。それは良かったです。
ヘリ	あ、渡辺さん、その荷物は何ですか。
渡辺	これはレジャーシートです。花火を見る時に楽ですから、持ってきました。それと、お尻が痛くなるかもしれないので、一応、クッションも持ってきてみました。
セリ	完ぺきですね！

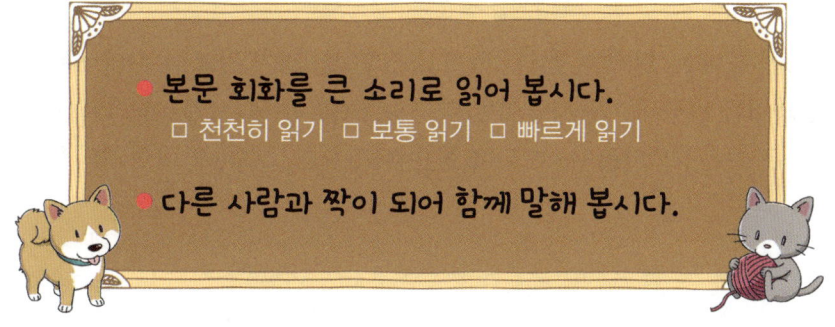

● 본문 회화를 큰 소리로 읽어 봅시다.
  □ 천천히 읽기 □ 보통 읽기 □ 빠르게 읽기

● 다른 사람과 짝이 되어 함께 말해 봅시다.

寝込む 드러눕다　心配だ 걱정이다　〜とも 〜다, 〜 모두　浴衣 일본식 여름 전통복　似合う 어울리다
レジャーシート 레저시트, 돗자리　楽だ 편하다　お尻 엉덩이　痛い 아프다　一応 일단　クッション 쿠션
持つ 가지다　完ぺきだ 완벽하다

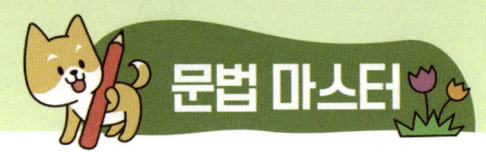

문법 마스터

1 〜の 형식 명사

「〜の」는 명사를 수식하는 용법 이외에 영어의 동명사처럼 체언을 만드는 용법도 갖고 있다. 체언을 만드는 용법은 두 가지인데 ①「私の(かばん)はこれです(제것(가방)은 이것입니다)」와 같이 그 자체로 체언이 되는 경우와 ②「辛いのはどれですか(매운 것은 어느 것입니까?)」와 같이 형용사나 동사 등에 붙어서 술어 전체를 체언으로 만드는 경우이다.

A このコーヒー、誰のですか。 이 커피, 누구 것입니까?

B ええと、これは山田さんのコーヒーで、佐藤さんのはそれです。
저, 이것은 야마다 씨 커피이고, 사토 씨 것은 그것입니다.

A 最近、よく悪い夢を見るんですが…。 최근 곧잘 나쁜 꿈을 꾸거든요.

B 悪い夢を見るのは、ストレスがたまっているからです。
自分なりのストレス解消法を見つけましょう。
나쁜 꿈을 꾸는 것은 스트레스가 쌓여 있기 때문입니다. 자기 나름대로의 스트레스 해소법을 찾아봅시다.

2 〜て/でいる 〜(해)져 있다

일본어 동사 중에는 '현재 진행'의 「〜ている형」도 '과거 완료'를 나타내는 「〜た/だ형」과 같은 의미를 나타내는 동사들이 있다. 「似る(닮다)・似合う(어울리다)・疲れる(피곤하다)」 등은 기본형보다는 「〜ている형」이나 「〜た/だ형」으로 현재의 '상태'를 나타낸다.

悪い 나쁘다　　夢を見る 꿈을 꾸다　　ストレス 스트레스　　たまる 쌓이다　　なり 〜나름　　解消法 해소법
見つける 찾다, 발견하다

A ああ、疲れた。土日にしっかり休みましたが、月曜日からもう疲れがたまっています。
아, 피곤하다. 주말에 충분히 쉬었는데 월요일부터 이미 피로가 쌓여 있습니다.

B いつも疲れているのはよくないです。健康に気をつけてください。
언제나 피곤한 것은 좋지 않습니다. 건강에 유의해 주세요.

A 昨日、街であなたに似ている（似た）人を見かけました。本当にそっくりでしたよ。
어제 거리에서 당신과 닮은 사람을 우연히 봤습니다. 정말로 똑같았어요.

B そうですか。私って、よくあるタイプの顔でしょうか。
그래요? 저는 흔히 있는 타입의 얼굴일까요?

3 〜かもしれない　〜(일/할)지도 모른다

「〜かもしれない」는「〜か(인지) + 〜も(도) + しれない(모른다,「しれる(알게 되다)」의 부정형)」로 구성된 문형으로 가능성을 나타낸다. 생략되어「〜かも」만으로도 같은 의미를 나타낸다.

A 雲行きが怪しいですね。午後から雨が降るかもしれません。
구름이 움직이는 모양이 예사롭지 않네요. 오후부터 비가 내릴지도 모릅니다.

B じゃ、念のため傘を持っていきましょう。
그러면 만일을 위해서 우산을 가져가지요.

A すみません。道が込んでいて、集合時間に遅れるかもしれません。
죄송합니다. 길이 막혀서 집합 시간에 늦을 지도 모릅니다.

B 仕方ない。直接、集合場所に来て。
하는 수 없지. 직접 집합 장소로 와.

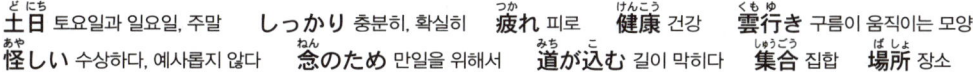

단어 마스터

🌼 단어를 골라 빈칸에 넣고 새 일에 대해 이야기해 봅시다.

A 新しい仕事は楽しいですか。 새 일은 즐겁습니까?
B はい。でも、_____のが大変です。
  네. 하지만 _____(하)는 것이 힘듭니다.

メンバーの意見をまとめます

英語で報告書を書きます

ノルマを達成します

多くの商品を覚えます

たまに深夜まで仕事があります

出張で毎月海外に行きます

会社が遠いので早朝に起きます

満員電車で通勤します

メンバー 멤버, 구성원　**意見** 의견　**まとめる** 모으다, 정리하다　**報告書** 보고서　**ノルマ** 책임량　**達成** 달성
商品 상품　**覚える** 외우다, 기억하다　**たまに** 이따금, 가끔　**深夜** 심야　**出張** 출장　**毎月** 매달, 매월　**早朝** 이른 아침
満員電車 만원열차　**通勤** 통근

말하기 & 읽기 마스터

🟡 보기를 읽고 해석해 봅시다. 다음 밑줄 친 단어를 바꿔 말해 봅시다.

> <u>道が込んでいる</u>ので少し<u>遅れる</u>かもしれません。

① 風邪が長引いています ｜ 大きい病院に行きます
② いつもと違う道を選びました ｜ 道に迷います
③ 1時間前に家を出ました ｜ もう到着しています

🟡 다음 글을 읽고 질문에 답해 봅시다.

> 田中　今日のお昼はすごく暑かったですね。シャツが汗で濡れたので私は
> 　　　一度宿舎に帰って、シャワーを浴びましたよ。
> 朴　　汗がたくさん出るのは本当に困りますね。
> 田中　そういえば朴さんは今日の飲み会に行きますか。
> 　　　6時に待ち合わせをして一緒に行きませんか。
> 朴　　今日の飲み会には行くつもりです。でも、夕方の勉強会が長引くか
> 　　　もしれませんから、先にお店に行ってください。

① 暑い日は何が困りますか。
　_____が困ります。

② 田中さんと朴さんは一緒に飲み会に行きますか。
　いいえ、_____かもしれませんから、一緒に行きません。

長引く 오래 끌다, 지연되다　**選ぶ** 고르다, 선택하다　**迷う** 헤매다　**すごく** 무진장, 무척　**汗** 땀　**濡れる** 젖다
浴びる (물을) 뒤집어 쓰다　**困る** 난처하다　**待ち合わせ** 시간과 장소를 미리 정하고 만나기로 함　**夕方** 저녁　**勉強会** 스터디 모임

쓰기 마스터

🟡 빈칸을 채워서 글을 완성해 봅시다.

A 空が暗いですね。午後には 비가 내릴지도 모릅니다 ＿＿＿＿＿＿＿＿＿
　　＿＿＿＿＿＿ね。

B 젖는 것 ＿＿＿＿＿＿＿＿は嫌ですから、傘を持って行きましょう。

A そうですね。それと、雨の日は 길이 막히기 때문에 ＿＿＿＿＿＿＿＿
　　＿＿＿＿、電車で行きましょう。約束の時間に 늦는 것 ＿＿＿＿＿＿
　　は困りますからね。

🟡 예문의 형식을 사용해서 써 봅시다.

예문	형식
このお店、店員が少なくて困っていますね。新しい人を募集するかもしれませんね。	상태 ＿＿＿＿＿＿ていますね。 가능성 ＿＿＿＿＿＿かもしれませんね。

① 田中さんは 아버지와 성격이 닮았어요 ＿＿＿＿＿＿＿＿＿＿＿＿ね。

　　다나카 씨도 장래에 학자가 되다 ＿＿＿＿＿＿＿＿かもしれませんね。

② 田中さん、아침부터 피곤합니다 ＿＿＿＿＿＿＿＿＿＿＿＿＿＿＿ね。

　　今日は ＿＿＿＿＿＿＿＿＿＿＿＿かもしれませんね。

③ ＿＿＿＿＿＿＿＿＿＿＿＿＿＿＿＿＿＿＿＿＿＿＿ていますね。

　　＿＿＿＿＿＿＿＿＿＿＿＿＿＿＿＿＿かもしれませんね。

暗い 어둡다　　嫌だ 싫다　　募集 모집　　学者 학자

한자 마스터

🟡 한자를 따라 써 봅시다.

あせ 汗	汗		
いた 痛い	痛い		
しん ぱい 心配	心配		
に もつ 荷物	荷物		
ざん ぎょう 残業	残業		
ゆかた 浴衣	浴衣		

3 花火を見るのは好きです

일본 문화 즐기기

유카타(浴衣)

- 유카타(浴衣)는 안감이 없는 홑옷 기모노(着物)로 목욕 후 입는 실내용 의복 외에 여름에 입는 간편한 평상복을 말한다. 불꽃놀이나 본오도리(盆踊り), 절이나 신사의 잿날(縁日) 등의 여름 행사 때 많이 입는다. 근래에는 전통적인 유카타와 함께 다양한 문양과 새로운 소재로 된 신식 유카타가 판매되고 있으며 젊은 남녀가 즐겨 입는 여름 의복으로서 인기가 높다.

- 유카타라는 명칭은 옛날에 귀족들이 목욕 때 입었던 '유카타비라(湯帷子)'에서 유래되었다고 한다. 유카타는 에도시대(江戸時代, 1603~1868)에 이르러 일반 서민들에게 널리 보급되어 목욕 후뿐만 아니라 서민들의 여름철 가정복이나 잠옷으로 착용하게 되었다. 가정 내에서만 입었던 유카타가 남녀의 외출 시에도 착용하게 된 것은 메이지시대(明治時代, 1868~1912) 중기 이후라고 한다.

- 일본의 여관이나 호텔에는 유카타가 잠옷(寝巻)으로 준비되어 있는 경우가 많다. 온천 여관 등에서는 온천지의 성격 상 유카타를 입고 건물 안을 다니거나 근처를 외출할 수 있으나, 일반 여관이나 호텔에서는 유카타를 입은 채 실외로 나가는 것은 삼가야 하는 경우가 많으므로 주의가 필요하다.

4

サークルも忙(いそが)しいんです

학습목표

1_ 사정 설명 「〜のだ(のです)/〜んだ(んです)」
2_ 제안 「〜ましょうか」
3_ 부가 「〜だけではなく(て)」

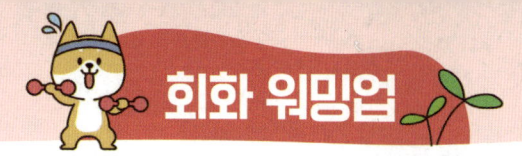

🌕 그림을 보면서 잘 듣고 말해 봅시다.

いるんです 있는데요(설명)

○ 잘 듣고 다음과 같이 말해 봅시다. 🎧25~26

1 A 最近、忙しいですか。 요즘 바쁜가요?

　B はい、_____んです。 네, _____(합)니다.

❶

❷

❸

2 A _____です。 _____(합)니다.

　B そうですか。僕が_____ましょうか。 그래요? 제가 _____(할)까요?

❶

❷

❸

手伝う 돕다　～ましょうか ～(할)까요?　気持ちが悪い 기분이 나쁘다, 몸이 좋지 않다　送る 보내다, 데려다 주다

4 サークルも忙しいんです ｜ 47

- **왕낭밍과 담소를 나누는 새리**

ワン　セリさん、元気がないですね。どうしたんですか。

セリ　新学期が始まったでしょう？
　　　宿題が多いし、サークルもあるし、忙しくて…。

ワン　そうですか。宿題、僕が手伝いましょうか。
　　　分からないところ、聞いてください。

セリ　ワンさん、ありがとう。

ワン　サークルも忙しいんですか。

セリ　テニスだけじゃなくて、学園祭の準備もあるんです。
　　　たこ焼きを作って売りますから、ぜひ食べにきてください。

ワン　絶対に食べに行きます。ところで、僕は学園祭の期間中わりと暇
　　　なんですが、セリさんは時間がありますか。

セリ　ごめんなさい。サークルの手伝いでずっと忙しいんです。

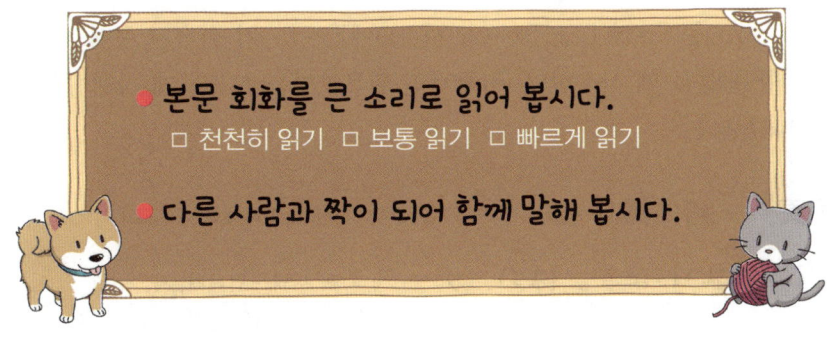

新学期 신학기　学園祭 학교 축제　たこ焼き 다코야키　売る 팔다　ぜひ 꼭　絶対に 절대로　期間 기간
〜中 〜중(기간)　わりと 의외로, 비교적　暇だ 한가하다　手伝い 도와 줌, 거들어 줌

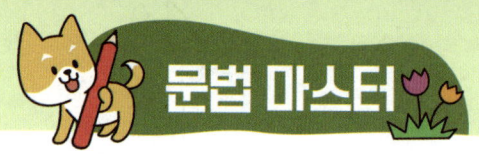

문법 마스터

1 〜のだ(のです)／〜んだ(んです) 사정 설명

조동사 「〜のだ」는 앞에서 나온 발언이나 상황을 전제로 그와 관련된 사정을 설명할 때 주로 사용된다. ① 「どうして〜の(ん)ですか(왜 〜(했)어요?)」와 같이 상대방에게 사정에 대해 질문할 때, ② 말하는 사람이 이유나 사정을 설명할 때, ③ 어떤 새로운 화제를 꺼내는데 그 화제의 배경을 설명할 때 자주 사용된다. 회화체에서는 「〜のだ(のです)」의 「〜の」가 「〜ん」으로 변형되어 「〜んだ(んです)」의 형태로 사용되는 경우가 많다.

A どうして遅れたんですか。 왜 늦었어요?

B すみません。朝寝坊をしたんです。 죄송합니다. 늦잠을 잤어요.

A ちょっとお話があるんですが、今よろしいですか。
잠깐 할 이야기가 있는데 지금 괜찮으세요?

B はい、いいですよ。静かなところでコーヒーでも飲みながら話しましょうか。
네, 괜찮아요. 조용한 곳에서 커피라도 마시면서 이야기할까요?

2 〜ましょうか 〜(할)까요?

「〜ましょうか」는 「〜ましょう(〜(합)시다)」에 「〜か」가 접속된 형태로서 완곡하게 상대방의 의향을 물을 때 사용한다. 적극적인 권유보다는 부드럽게 상대방의 의향을 묻는 '제안'을 나타낸다.

A 写真、一緒に撮りましょうか。 사진 함께 찍을까요?

B ぜひお願いします。はい、チーズ！ 꼭 부탁드립니다. 자, 치즈!

朝寝坊 늦잠　　チーズ 치즈

A 荷物、持ちましょうか。 짐 들까요?

B すごく助かります。ありがとうございます。 무진장 도움이 되죠. 감사합니다.

③ 〜だけではなく(て) ~뿐만 아니라

「〜だけではなくて」는 '한정'을 나타내는 「〜だけである(뿐이다)」의 부정형 「〜だけではない(~뿐만 아니다)」의 「〜て형」으로서 '부가'의 의미를 나타낸다. 회화체에서는 「〜だけじゃなく(て)」와 같이, 문장체에서는 「〜て」가 빠진 「〜だけではなく」의 형태로 자주 사용된다.

A このアニメ、有名ですね。 이 애니메이션 유명하지요.

B はい、とても有名です。
日本だけではなく、全世界で大ヒットしました。
네, 아주 유명합니다. 일본뿐만 아니라 전 세계에서 크게 흥행했습니다.

A 新しくできた遊園地、どうですか。 새로 생긴 놀이동산, 어때요?

B 見るだけじゃなくて、いろいろな体験もできるから、子どもだけじゃなく大人も楽しいところですよ。
보는 것뿐만 아니라 여러 가지 체험도 할 수 있기 때문에 아이들뿐만 아니라 어른도 즐거운 곳이에요.

助かる 도움이 되다　アニメ 애니메이션　全世界 전세계　大ヒット 크게 흥행함　遊園地 유원지, 놀이동산　体験 체험

단어 마스터

🟡 학교 축제와 관련된 단어입니다. 단어를 골라 빈칸에 넣고 회화를 완성해 봅시다.

A 学園祭で_____んですか。 학교 축제에서 _____(합)니까?
B はい。ぜひ来てください。 네, 꼭 오세요.

 焼きそばを作ります

 絵を展示します

 ギターを弾きます

 アクセサリーを売ります

 ダンスを踊ります

 劇の主人公をやります

 美人コンテストに出ます

 日本語のスピーチをします

絵 그림　展示 전시　ギター 기타　アクセサリー 액세서리　劇 극, 연극　主人公 주인공　美人 미인
コンテスト 콘테스트　スピーチ 연설

말하기 & 읽기 마스터

🟡 보기를 읽고 해석해 봅시다. 다음 밑줄 친 단어를 바꿔 말해 봅시다.

> A Bさんも<u>今日の飲み会に行く</u>でしょう？
> B すみません、<u>今日はアルバイトの日</u>なんです。

① ダンスを踊ります ｜ ダンスは苦手です
② スピーチ大会に出ます ｜ その日は他の用事があります
③ 今月の日本語能力試験を受けます ｜ 今月は毎日アルバイトで忙しいです

🟡 다음 글을 읽고 질문에 답해 봅시다.

> 朴　田中さん、その足、どうしたんですか。
> 田中　重い荷物を運んでいる時に転んで、けがしたんです。治るまでギプスなので、とても不便です。
> 朴　大変ですね。この後の会話の授業、教室はこの建物の5階ですよね。
> 田中　はい。ここはエレベーターがないので、移動がとても大変です。
> 朴　じゃ、私が代わりにかばんを持ちましょうか。移動が少し楽になるかもしれません。
> 田中　いいですか。ありがとうございます。じゃ、私はジュースをおごりますよ。

① 田中さんはどうして、足をけがしたんですか。
　＿＿＿＿＿＿＿＿＿＿＿＿ので、足を＿＿＿＿＿＿＿＿＿＿＿＿＿＿。

② どうして朴さんは田中さんのかばんを持ちましたか。
　＿＿＿＿＿＿＿＿＿＿かもしれませんから、田中さんのかばんを持ちました。

スピーチ大会 연설 대회　用事 볼일, 용무　重い 무겁다　運ぶ 옮기다　転ぶ 구르다, 넘어지다　けがする 다치다
治る 낫다　ギプス 깁스　不便だ 불편하다　会話 회화　エレベーター 엘리베이터　移動 이동　おごる 대접하다

쓰기 마스터

○ 다음 형식을 이용하여 대화를 완성해 봅시다.

どうしたんですか。

주스를 마시고 싶다 _____ んですが、

돈이 없습니다 _____ 。

じゃ、내가 살까요? _____ 。

どうしたんですか。

_____ んですが、
_____ 。

じゃ、_____ 。

한자 마스터

🟡 한자를 따라 써 봅시다.

きかん 期間	期間		
いどう 移動	移動		
たいけん 体験	体験		
しゅくだい 宿題	宿題		
しんがっき 新学期	新学期		
がくえんさい 学園祭	学園祭		

일본 문화 즐기기

일본의 학기제(学期制^{がっきせい})

- 일본의 대학 학기는 일반적으로 우리나라와 마찬가지로 2학기제인 경우가 많은데, 4월에 시작하여 3월에 끝나는 점이 우리와 다르다. 4월에 학기가 시작하는 것은 1886년 일본 정부의 회계연도(会計年度)가 4월부터 3월까지로 정해지자 학제(学制)도 이에 맞추게 되었기 때문이라고 한다.

- 일본의 대학 학기제는 전기(前期)와 후기(後期)로 나누어진다. 전기는 4월부터 7월말까지이고 8월부터 9월말까지 여름방학(夏休み)에 들어간다. 후기는 10월에 시작하여 12월 하순부터 1월 중순까지 짧은 겨울방학(冬休み)을 끼고 2월 중순까지 진행된다. 2월 중순부터 3월말까지는 봄방학(春休み)이다. 후기는 연말연초를 끼고 두 기간으로 나누어져 있는 형태이다. 시험은 전기와 후기에 각각 중간시험(中間試験)과 기말시험(期末試験)을 치른다.

- 대학과는 달리 초등학교(小学校)·중학교(中学校)·고등학교(高等学校)는 일반적으로 3학기제인 경우가 많다. 1학기는 4월부터 7월 하순까지이고 8월말까지 여름방학에 들어간다. 2학기는 9월부터 12월 하순까지이고 1월 초까지 짧은 겨울방학을 보낸다. 3학기는 1월 초부터 3월 중순까지이고 3월말까지 봄방학이다. 1학기와 2학기에 각각 중간시험과 기말시험을 치르고 3학기에는 기말시험만 있으며, 1년에 5번의 시험을 치르게 된다.

5

ギターを弾くことができます

학습목표

1_ 전문「〜そうだ」
2_ 가능「〜ができる / 〜ことができる」
3_ 동사의 가능형「〜える / 〜(ら)れる」

○ 그림을 보면서 잘 듣고 말해 봅시다.

スポーツでは何が得意ですか。

水泳です。バタフライもできますよ。

▸ 水泳 수영   バタフライ 접영   できる 가능하다, 할 수 있다

🌕 잘 듣고 다음과 같이 말해 봅시다. 🎧 32~33

1 A ＿＿＿＿＿＿＿ますか。＿＿＿＿(합)니까?

　　B はい、＿＿＿＿＿＿ます。 네, ＿＿＿＿(합)니다.

❶

❷

❸

2 A 今日、田中さんは会議に来ませんか。 오늘 다나카 씨는 회의에 오지 않습니까?

　　B はい。＿＿＿＿＿＿＿そうです。 네, ＿＿＿＿ 라고 합니다.

❶

❷

❸

平生 へいぜい 평생　　読める よめる 읽을 수 있다　　食べられる たべられる 먹을 수 있다　　来られる こられる 올 수 있다　　別 べつ 다름　　中国 ちゅうごく 중국

5 ギターを弾くことができます | 59

회화 마스터

🟡 **학교 축제에서 새리네 가게를 찾은 와타나베 씨와 해리**

🎧 34~36

ヘリ　セリはテニスサークルの模擬店で1日中、たこ焼きを作るそうです。

渡辺　じゃ、まずはたこ焼きを食べに行きましょうか。
　　　ところで、ヘリさんはピアノサークルで何かしますか。

ヘリ　あ、ピアノのコンサートは明日なので、今日は暇なんです。
　　　渡辺さんは何か楽器ができますか。

渡辺　ギターを少しだけ弾くことができます。
　　　ヘリさんはピアノが上手だそうですね。

ヘリ　いや、それほどでもありませんが、ピアノを弾くのは好きです。
　　　あ、あそこでセリがたこ焼きを売っていますね！

渡辺　本当だ。ちょうどベンチもありますから、あそこで座って食べられますね。

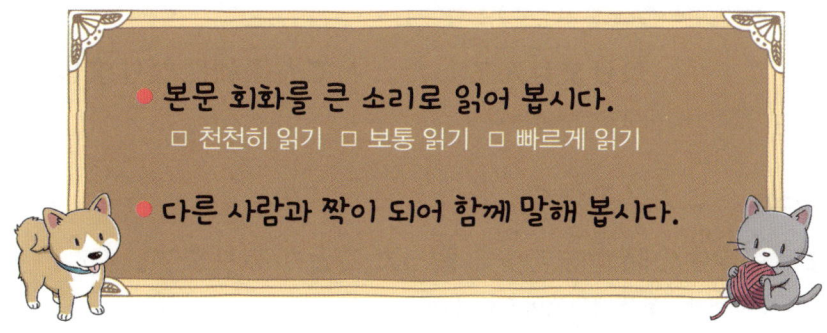

- 본문 회화를 큰 소리로 읽어 봅시다.
  ☐ 천천히 읽기　☐ 보통 읽기　☐ 빠르게 읽기
- 다른 사람과 짝이 되어 함께 말해 봅시다.

模擬店 간이음식점　楽器 악기　~ことができる ~(할) 수 있다　ちょうど 마침　ベンチ 벤치　座る 앉다

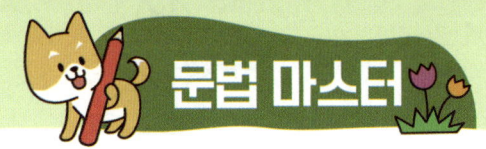

문법 마스터

1 ～そうだ ～(라)고 한다

「～そうだ」에는 두 가지 의미가 있는데 접속 형태에 따라 그 의미를 구분한다. '전문'이란 '다른 사람에게 들은 내용을 전한다'는 뜻으로, '전문'의 의미로 쓰인 경우에는 다른 인용 표현들과 마찬가지로 종지형에 접속한다는 점이 특징이다.

A 北海道は春、夏、秋、冬、どの季節に行っても魅力があるそうです。
훗카이도는 봄, 여름, 가을, 겨울 어느 계절에 가도 매력이 있다고 합니다.

B 特に、雪祭りはとても有名だそうですね。私も行ってみたいです。
특히 눈 축제는 매우 유명하다고 합니다. 저도 가보고 싶어요.

2 명사 ができる ～을/를 할 수 있다
   동사 ことができる ～(할) 수 있다

일본어에는 두 가지 가능 표현이 있는데 첫 번째 가능 표현은 '할 수 있다'는 의미를 가진 동사「できる」를 사용하는 것이다. 이 표현은 명사와 동사 모두 사용 가능하며 가능의 대상은「～を」격이 아니라「～が」격으로 표시된다. 기본적으로 명사에 접속하지만 동사의 경우는 기본형에「～こと」를 붙여서 명사에 준하는 형태로 만든 후「～ができる」를 접속한다.

A 成績証明書は、インターネットでも申し込みができます。
성적증명서는 인터넷으로도 신청이 가능합니다.

B そうですか。知りませんでした。とても便利になりましたね。
그래요? 몰랐어요. 아주 편리해졌네요.

A 金さん、ピアノを弾くことができますか。 김 씨, 피아노를 칠 수 있습니까?

B はい、学生の時趣味で少し習ったことがあります。
네, 학생 때 취미로 조금 배운 적이 있습니다.

季節 계절　魅力 매력　雪祭り 눈 축제　成績証明書 성적증명서　申し込み 신청　知る 알다

3 〜える / 〜(ら)れる   〜(할) 수 있다(가능)

또 다른 가능 표현은 동사의 '가능형'을 사용하는 것이다. 동사를 '가능형'으로 활용함으로서 '가능'의 의미를 나타낼 수 있다. 동사의 '가능형'의 대상은 일반적으로 「〜を」격으로 표시되며 대상 자체가 강조될 때는 「〜が」격으로도 표시된다.

u 동사	마지막 모음 [-u]를 [-e]로 바꾸고 「る」를 접속한다.	会う 만나다 → 会える 만날 수 있다 待つ 기다리다 → 待てる 기다릴 수 있다 送る 보내다 → 送れる 보낼 수 있다
		飲む 마시다 → 飲める 마실 수 있다 呼ぶ 부르다 → 呼べる 부를 수 있다 死ぬ 죽다 → 死ねる 죽을 수 있다
		書く 쓰다 → 書ける 쓸 수 있다 泳ぐ 헤엄치다 → 泳げる 헤엄칠 수 있다
		話す 말하다 → 話せる 말할 수 있다
ru 동사	어미 「る」를 떼고 「られる / れる」를 접속한다.	見る 보다 → 見られる / 見れる 볼 수 있다 食べる 먹다 → 食べられる / 食べれる 　　　　　　　　　　　　먹을 수 있다
불규칙 동사	형태 자체가 바뀐다.	する 하다 → できる 할 수 있다 来る 오다 → 来られる / 来れる 올 수 있다

> **TIP** 최근에는 「らぬきことば(ら가 빠진 말)」라고 해서 「〜られる」가 접속하는 형태에서 「ら」를 빼고 「〜れる」만 접속시키는 경우가 많아졌다.
>
> 예 食べられる → 食べれる 먹을 수 있다   来られる → 来れる 올 수 있다

A どうしたんですか。顔色が悪いですね。 무슨 일이에요? 얼굴빛이 나쁜데요.

B 最近、全然眠れません。レポートや試験が多くて、徹夜で勉強しているんです。 최근 전혀 잠을 못 자요. 리포트나 시험이 많아서 밤을 새워서 공부하고 있거든요.

顔色 얼굴빛, 안색　　全然 전혀　　眠る 잠자다　　徹夜 철야, 밤샘

단어 마스터

🌻 악기에 관한 표현입니다. 표현을 골라 알맞은 형태로 바꾸고 회화를 완성해 봅시다.

> A 来月、コンサートがありますね。 다음 달에 콘서트가 있군요.
> B はい。私は _____ ます。 네. 저는 _____(합)니다.

ピアノを弾く

ピアノを弾く

バイオリンを弾く

トランペットを吹く

ハーモニカを吹く

ドラムをたたく

カスタネットをたたく

タンバリンを振る

ハンドベルを振る

バイオリン 바이올린　トランペット 트럼펫　吹く 불다　ハーモニカ 하모니카　ドラム 드럼
たたく 두드리다, 때리다　カスタネット 캐스터네츠　タンバリン 탬버린　振る 흔들다　ハンドベル 핸드벨

말하기 & 읽기 마스터

🟡 보기를 읽고 해석해 봅시다. 밑줄 친 단어를 바꿔 말해 보세요.

> A　Bさんは<u>バイオリン</u>ができますか。
> B　はい、少し<u>弾けます</u>。

① トランペット ｜ 吹く
② フランス語 ｜ 話す
③ 社交ダンス ｜ 踊る

🟡 다음 글을 읽고 질문에 답해 봅시다.

田中さんのプロフィール

私のアピールポイントは、料理ができることです。みなさんは肉と魚、どちらが好きですか。私は特に魚料理が上手に作れます。1人で魚をきれいにおろすこともできますよ。さらに、私は野菜をほとんど同じ大きさに切ることができます。料理に使う野菜の大きさが均一な方が、料理がきれいに見えますし、食感もいいそうです。趣味は韓国語です！ニュースは少し難しいですが、ドラマのセリフはほとんど分かります。韓国語でスピーチをすることもできますし、初級レベルの韓国語は教えられます。

① 田中さんは、1人で何ができますか。
　1人で_____そうです。

② 田中さんは韓国語のスピーチのほかに何ができますか。
　_____そうです。

フランス語 프랑스어　**社交ダンス** 사교 댄스　**アピールポイント** 매력 포인트　**おろす** 생선의 배를 가르다, 살을 발라내다
ほとんど 거의, 대부분　**均一だ** 균일하다　**食感** 식감　**ニュース** 뉴스　**セリフ** 대사　**初級** 초급

쓰기 마스터

🟡 그림을 보고 질문에 맞는 답을 써 봅시다.

1 박 씨가 한 일을 전문을 나타내는 「〜そうです」 문형을 이용하여 써 봅시다.

① 朴さんは昨日、요리를 만들었다 _____ そうです。

② 朴さんは昨日、_____ そうです。

③ 朴さんは昨日、_____ そうです。

2 박 씨가 잘 하는 것을 동사의 가능형을 이용하여 써 봅시다.

① 朴さんは 요리를 잘 만들 수 있다 _____ そうです。

② 朴さんは_____ そうです。

③ 朴さんは_____ そうです。

🟡 가능형을 이용하여 자유롭게 문장을 만들어 봅시다.

① 私は_____。

② 私は_____。

한자 마스터

🟡 한자를 따라 써 봅시다.

すわ 座る	座る		
ねむ 眠る	眠る		
かお いろ 顔色	顔色		
き せつ 季節	季節		
がっ き 楽器	楽器		
しょ きゅう 初級	初級		

5 ギターを弾くことができます

일본 문화 즐기기

대학 축제(学園祭_{がくえんさい})

- 일본의 대학축제(学園祭)는 10월과 11월에 많이 개최된다. 주말에 열리는 경우가 대부분이며 지역주민 등 일반인에게 학교를 개방하여 함께 즐기는 점이 특징이다.

- 일본의 대학축제에서는 외부로부터 저명인이나 가수, 코미디언 등을 초청하여 강연회나 콘서트, 토크쇼를 개최하거나, 학생회 주최로 여러 경연대회를 열거나, 여러 대학 동아리(サークル)에서 다채로운 공연이나 전시회, 발표회를 선보인다. 또한 각 동아리가 중심이 되어 음식, 음료나 여러 물품들을 판매한다. 이런 간의 판매대를 '모의점(模擬店)'이라고 한다. 주로 포장마차(屋台)에서 판매되는 인기 메뉴나 물품이 많다.

- 도쿄(東京) 소재 대학의 축제에는 다음과 같은 것이 있다. 주로 가을에 열리며 각 축제마다 10만 명이 넘는 인파가 몰린다고 한다.
  - 도쿄 대학(東京大学) 고마바 제(駒場祭)
  - 와세다 대학(早稲田大学) 와세다 제(早稲田祭)
  - 게이오 대학(慶應義塾大学) 미타 제(三田祭)
  - 오차노미즈 여자 대학(お茶の水女子大学) 기인 제(徽音祭)
  - 아오야마가쿠인 대학(青山学院大学) 아오야마 제(青山祭)

6

この書類、
なくさないでくださいね

학습목표

1_ 동사의 부정형 「～ない」
2_ 금지 「～ないでください」
3_ 규칙 「～なくてはいけない」・허용 「～なくてもいい」

○ 그림을 보면서 잘 듣고 말해 봅시다.

中間テスト 중간고사, 중간시험   忘れないでください 잊지 마세요

○ 잘 듣고 다음과 같이 말해 봅시다. 39~40

1 A 授業中（じゅぎょうちゅう）に＿＿＿＿＿＿ないでください。 수업 중에 ＿＿＿＿(하)지 마세요.

B はい、分（わ）かりました。 네, 알겠습니다.

2 A ＿＿＿＿＿＿なくてもいいですか。 ＿＿＿＿(하)지 않아도 됩니까?

B いいえ、＿＿＿＿＿＿なくてはいけません。
아니요, ＿＿＿＿(해)야 합니다.

~ないでください ～(하)지 마세요　　～なくてもいいですか ～(하)지 않아도 됩니까?
～なくてはいけません ～(하)지 않으면 안됩니다, ～(해)야 합니다　　靴（くつ） 구두, 신발　　脱（ぬ）ぐ 벗다

6 この書類、なくさないでくださいね | 71

🟡 **카페에서 아르바이트 면접을 보는 해리**

🎧 41〜43

お店の人　日本語が上手ですね。日本に来たのはいつですか。

ヘリ　今年の3月です。まだ上手に話せないですが、一度日本でアルバイトをしてみたくて、応募しました。

お店の人　「資格外活動許可」はありますか。

ヘリ　え、大学のカフェでも許可が必要ですか。

お店の人　はい、確か大学のチューターなどは許可を受けなくてもいいんですが、それ以外のアルバイトでは許可を受けなくてはいけません。

ヘリ　分かりました。すぐに申請します。

お店の人　お願いします。許可をもらった後、来週また、お店で話しましょう。その時、この書類に記入して持ってきてください。なくさないでくださいね。

ヘリ　はい、ありがとうございます！よろしくお願いします。

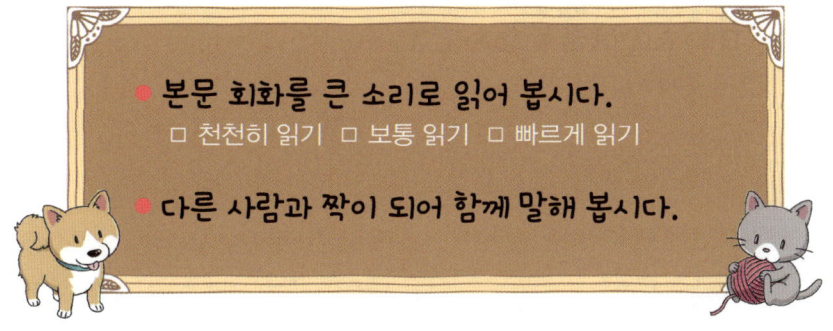

応募 응모　資格外活動許可 자격외활동허가　許可 허가　確か 분명히, 아마　チューター 튜터　以外 이외
すぐに 금방, 바로　申請 신청　書類 서류　記入 기입　なくす 잃어버리다

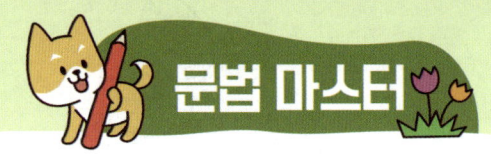
문법 마스터

1 〜ない 〜(하)지 않는다(부정형)

동사의 부정형은 「〜ない」형이라고도 하며, 아래와 같이 접속한다. 「〜ない」형은 「書かない」, 「書かなかった」와 같이 형용사에 준하여 활용한다.

u 동사	마지막 모음 [-u]를 [-a]로 바꾸고 「ない」를 접속한다. 단, 「-う」의 경우 「〜わない」가 된다.	会う 만나다 ➡ 会わない 만나지 않는다 待つ 기다리다 ➡ 待たない 기다리지 않는다 送る 보내다 ➡ 送らない 보내지 않는다 飲む 마시다 ➡ 飲まない 마시지 않는다 呼ぶ 부르다 ➡ 呼ばない 부르지 않는다 死ぬ 죽다 ➡ 死なない 죽지 않는다 書く 쓰다 ➡ 書かない 쓰지 않는다 泳ぐ 헤엄치다 ➡ 泳がない 헤엄치지 않는다 話す 말하다 ➡ 話さない 말하지 않는다
ru 동사	어미 「る」를 떼고 「ない」를 접속한다.	見る 보다 ➡ 見ない 보지 않는다 食べる 먹다 ➡ 食べない 먹지 않는다
불규칙 동사	형태 자체가 바뀐다.	する 하다 ➡ しない 하지 않는다 来る 오다 ➡ 来ない 오지 않는다

A そのケーキ、食べないんですか。
그 케이크 안 먹나요?

B はい、甘いものは苦手なんです。
네, 단 것은 잘 못 먹어요.

❷ ～ないでください　～(하)지 말아 주세요, ～(하)지 마세요

동사의 부정형을 사용한「～ないでください」는 무엇인가 하지 않도록 지시하는 표현으로서 경우에 따라서 '의뢰'나 '금지'를 나타낸다. 보통체에서는「ください」를 생략하여「～ないで」만 사용되기도 한다.

A 門限は夜12時です。遅れないでください。
　 遅れる場合には前もって届け出を出してください。
　　정해진 귀가 시간은 밤 12시입니다. 늦지 마세요. 늦을 경우에는 미리 신고서를 제출해 주세요.

B はい、分かりました。네, 알겠습니다.

❸ ～なくてはいけない　～(하)지 않으면 안 된다, ～(해)야 한다
　　～なくてもいい　～(하)지 않아도 된다

「～なくてはいけない」는「～てはいけない(해서는 안 된다)」와 같은 규칙 표현으로「～なくてはならない」라고도 한다.「～なければならない(하지 않으면 안 된다)」보다 다소 부드러운 표현으로 회화체에서 많이 사용된다.「～なくてもいい」는「～てもいい(해도 된다)」와 같은 허용을 나타내는 표현이다.

A この試合、必ず勝たなくてはいけないですね。
　　이 시합 반드시 이겨야만 합니다.

B あきらめないで最後まで頑張ります。포기하지 않고 마지막까지 노력하겠습니다.

A 後片付け、手伝います。この皿から洗いましょうか。
　　설거지 도와드리겠습니다. 이 접시부터 닦을까요?

B あ、この皿は洗わなくてもいいです。食器洗い機を使いますから。
　　어, 이 접시는 닦지 않아도 됩니다. 자동 세척기를 사용하니까요.

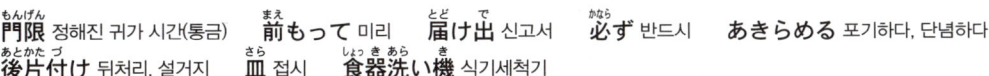

門限 정해진 귀가 시간(통금)　前もって 미리　届け出 신고서　必ず 반드시　あきらめる 포기하다, 단념하다
後片付け 뒤처리, 설거지　皿 접시　食器洗い機 식기세척기

단어 마스터

🌕 표현을 골라 알맞은 형태로 바꾸고 기숙사에서 하지 말아야 할 것에 관한 회화를 완성해 봅시다.

A 宿舎では、＿＿＿＿＿＿ないでください。 기숙사에서는 ＿＿＿(하)지 마세요.
B 分かりました。気をつけます。 알겠습니다. 조심하겠습니다.

たばこを吸う

お酒を飲む

廊下で騒ぐ

門限に遅れる

のら猫にえさをあげる

門の前に自転車を停める

月曜日に生ごみを出す

夜10時以降に洗濯機を使う

騒ぐ 소란을 피우다   のら猫 길고양이   えさ 먹이   生ごみ 음식물 쓰레기   洗濯機 세탁기

말하기 & 읽기 마스터

🟡 보기를 읽고 해석해 봅시다. 다음 밑줄 친 단어를 바꿔 말해 봅시다.

> A 明日の説明会、行かなくてもいいですか。
> B いいえ、全員行かなくてはいけません。

① この機械の使い方 ｜ 習う
② ９月にある勉強会 ｜ 参加する
③ 先生が授業で紹介した本 ｜ 読む

🟡 다음 글을 읽고 질문에 답해 봅시다.

> ### 洋服の棚を整理する時のポイント
> ❶ まずは服を集めます。
> ❷ 次に、「捨てる基準」を作らなくてはいけません。例えば、「半年着なかった服は捨てる」など。
> ❸ 数年間着ていない服はこれからもほとんど着ません。悩まないで捨てましょう。高かった服も、❷の基準に合わせて捨ててください。
> ❹ 最後に、残った服を棚にしまいます。しわにならない服はハンガーにかけなくてもいいです。衣装ケースにしまう時は、服を積まないでください。服を立ててしまいましょう。その方が服の場所がすぐに分かります。

① 服を集めたあと、何をしなくてはいけませんか。
　「捨てる基準」を_____いけません。
② 服を衣装ケースにしまう時のポイントは何ですか。
　_____ないで、_____しまってください。

全員 전원　**機械** 기계　**洋服** 양복, 옷　**棚** 서랍, 수납장　**整理** 정리　**ポイント** 포인트, 핵심　**集める** 모으다
基準 기준　**半年** 반년　**数年間** 몇 년간　**これから** 앞으로　**悩む** 고민하다　**機械** 기계　**合わせる** 맞추다
残る 남다　**しまう** 넣다, 보관하다　**衣装** 의상　**ケース** 케이스, 상자　**積む** 쌓다　**立てる** 세우다
しわにならない 주름이 생기지 않는다　**ハンガー** 옷걸이　**かける** 걸다

6 この書類、なくさないでくださいね | 77

쓰기 마스터

🟡 같은 의미가 되게끔 ない형을 사용한 표현으로 바꿔 말해 봅시다.

예문
食べてはいけません。 → 食べないでください。 必ず飲んでください。 → 飲まなくてはいけません。

① テストの後に事務室に必ず来てください。

➡ _____ 。

② ここに車を停めてはいけません。

➡ _____ 。

③ 夕方、猫に必ずえさをあげてください。

➡ _____ 。

④ 夜中に外で騒いではいけません。

➡ _____ 。

🟡 빈칸을 채워서 대화문을 완성해 봅시다.

A Bさん、事務室の掃除、私も 뭔가 도울까요? _____ 。

B ありがとうございます。
じゃ、この棚の書類を 정리해 주세요 _____ 。

A 分かりました。この今月の書類はどうしますか。

B あ、それは、後で 복사하지 않으면 안되니까 _____ 、
저 선반에 넣어 주세요 _____ 。

A 分かりました。2015年の書類は 버려도 될까요 _____ 。

B はい、2015年の書類は 보관하지 않아도 됩니다 _____ 。

한자 마스터

🟡 한자를 따라 써 봅시다.

しあい 試合	試合		
きかい 機械	機械		
しょるい 書類	書類		
きにゅう 記入	記入		
かつどう 活動	活動		
きょか 許可	許可		

6 この書類、なくさないでくださいね

일본 문화 즐기기

자격외활동허가(資格外活動許可)

- '자격외활동허가(資格外活動許可)'란 재류자격(在留資格)에 정해진 활동 외의 활동에 대해 이를 인정해 주는 허가이다. 재류자격 '유학(留学)' 소지자는 일본에서 학업을 목적으로 채류가 허용되어 있으므로 수입을 얻는 활동은 원칙적으로 금지되어 있다. 단, 유학중에 학비나 생활비를 일부 충당하는 목적으로 아르바이트(アルバイト)를 하는 경우에는 관할 입국관리국(入国管理局)에 자격외활동허가를 신청하여 자격외활동허가증(資格外活動許可証)을 취득함으로써 소정의 범위 내에서 아르바이트를 할 수 있다.

- 아르바이트는 학업의 방해가 되지 않는 범위에서 주 28시간 이내(방학 중에는 1일 8시간 이내)로 허용된다. 자격증 없이 아르바이트를 하거나 제한시간을 초과하는 경우에는 본국송환, 벌금 등의 처벌 대상이 된다. 또한 윤락업소에서의 아르바이트는 금지되어 있다.

- 대학에 따라 대학 내의 티칭 어시스턴트(TA), 리서치 어시스턴트(RA), 스튜던트 어시스턴트(SA) 등의 아르바이트에 대해서는 자격외활동허가를 필요로 하지 않는다.

- '자격외활동허가'는 입국관리국에서 ① 자격외활동허가신청서(資格外活動許可申請書), ② 여권(パスポート), ③ 학생증(学生証), ④ 재류카드(在留カード)를 지참하여 신청한다.

7

少し高すぎませんか
   すこ　たか

학습목표

1_ 과도「〜すぎる」
2_ 조언「〜たほうがいい・〜ないほうがいい」
3_ 결정「〜にする」

회화 워밍업

🟡 그림을 보면서 잘 듣고 말해 봅시다. 🎧45

もうお昼ご飯は食べましたか。

はい。おいしくて、食べすぎました。

▸ 食べすぎる 과식하다, 너무 많이 먹다

🌕 그림을 보면서 잘 듣고 말해 봅시다. 🎧 46~47

1 A _____たほうがいいですか。 _____(하)는 편이 좋습니까?

　　B　はい、お願(ねが)いします。 네, 부탁합니다.

❶

❷

❸

2 A _____ないほうがいいですか。 _____(하)지 않는 편이 좋습니까?

　　B　そうですね。 그렇지요.

❶

❷

❸

～たほうがいい　～(하)는 편이 낫다　　マヨネーズ 마요네즈　　かける 뿌리다　　～ないほうがいい　～(하)지 않는 편이 낫다
プロジェクト 프로젝트

○ 와타나베 씨와 함께 왕 씨의 생일 선물을 사러 온 해리와 새리

渡辺	ワンさんの誕生日プレゼント、このボールペンはどうですか。
ヘリ	かっこいいですが、少し高すぎませんか。
セリ	実は、今月はお金を使いすぎたので、お金があまりないんです。
渡辺	じゃあ、このボールペンはどうですか。
セリ	あ、デザインも値段もいいですね。これにしましょう。

ヘリ	すみません、これください。
店員	ありがとうございます。ラッピングはしたほうがいいですか。
セリ	はい、お願いします。
店員	分かりました。レシートは一緒に入れないほうがいいですか。
ヘリ	はい、レシートは別にしてください。

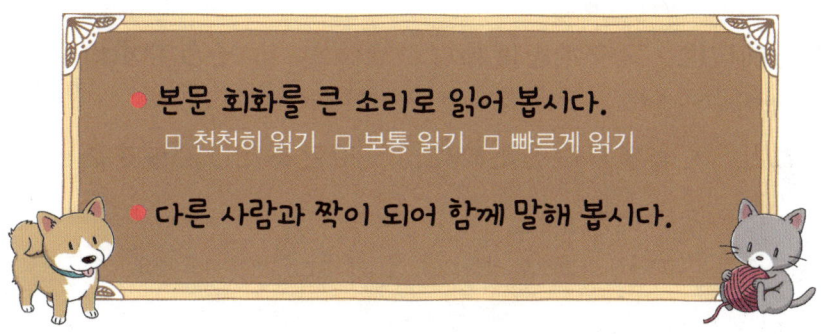

ボールペン 볼펜　かっこいい 멋지다　今月 이번 달　〜すぎる 너무/지나치게 〜(하)다　ラッピング 포장
レシート 영수증　別に 따로

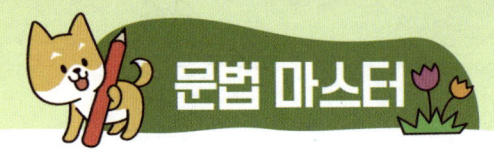# 문법 마스터

1 〜すぎる 너무/지나치게 〜(하)다

「〜すぎる」는 형용사 어간과 동사「〜ます형」에 접속하여 어떤 행위나 상태가 도를 넘었음을 나타낸다.

A この肉、固すぎてかめません。 이 고기, 너무 딱딱해서 씹을 수 없습니다.

B え、焼きすぎたかな。 아, 너무 구웠나요?

A 友達の誕生日のプレゼント、高すぎても安すぎても問題ですね。
친구 생일 선물, 너무 비싸도 너무 싸도 문제이지요.

B 友達のプレゼントの予算は、2000円から5000円が一番多いそうです。 친구 선물 예산은 2,000엔에서 5,000엔이 가장 많다고 합니다.

2 〜た/だほうがいい 〜(하)는 편이 좋다
　　〜ないほうがいい 〜(하)지 않는 편이 좋다

상대방에게 '조언'을 할 때 사용하는 표현이다. '〜하는 편이 좋다'고 할 때「〜た」형이 사용되는 점에 주의하자.

A 寝る前には、スマホを使わないほうがいいそうですね。
자기 전에는 스마트폰을 사용하지 않는 편이 좋다고 하네요.

B それと、ぐっすり眠るためには、できるだけ部屋を真っ暗にしたほうがいいといいますね。
그리고 푹 자기 위해서는 가능한 한 방을 아주 어둡게 하는 편이 좋다고 해요.

固い 딱딱하다　　かむ 씹다　　焼く 굽다　　予算 예산　　スマホ 스마트폰　　ぐっすり 푹　　真っ暗 새까맘

A　二日酔いで頭が痛いです。 숙취로 머리가 아픕니다.

B　二日酔いには、水やスポーツ飲料をたくさん飲んだほうがいいですよ。
　　숙취에는 물이나 스포츠 음료를 많이 마시는 편이 좋습니다.

3 〜にする　〜(하)기로 하다

「〜にする」는 '결정'을 나타내는 표현으로 명사는 그대로 접속하며 동사는 「こと」를 붙여 명사에 준하는 형태로 만들어 접속한다.

A　お飲み物は食後にしますか。それとも、お食事と一緒にしますか。
　　음료는 식후에 합니까? 아니면 식사와 함께 합니까?

B　食後でお願いします。 식후로 부탁합니다.

A　来週の自由会話のテーマは、何ですか。 다음 주 자유 회화의 주제는 무엇입니까?

B　「私が最近気になるニュース」について話し合うことにします。
　　'내가 최근 신경이 쓰이는(관심 가는) 뉴스'에 대해서 서로 이야기를 나누기로 하겠습니다.

二日酔い 숙취　　スポーツ飲料 스포츠 음료　　お〜 존경, 미화의 접두어　　食後 식후　　それとも 그렇지 않으면, 아니면
自由会話 자유 회화　　テーマ 테마, 주제　　気になる 신경이 쓰이다　　話し合う 서로 이야기를 나누다

7 少し高すぎませんか ｜ 87

# 단어 마스터

표현을 골라 빈칸에 넣고 회화를 완성해 봅시다.

A 昨日から体の調子が悪いんです。 어제부터 몸 상태가 좋지 않습니다.
B 風邪ですか。＿＿＿＿＿＿＿＿ほうがいいですよ。
　감기입니까? ＿＿＿＿＿(하/하지 않)는 편이 좋겠어요.

 薬を飲む

 お風呂に入る

 病院に行く

 運動をする

 早く寝る

 お酒を飲む

 マスクをする

 冷たいものを食べる

体の調子 몸 상태　マスク 마스크　冷たい 차갑다

말하기 & 읽기 마스터

○ 보기를 읽고 해석해 봅시다. 밑줄 친 단어를 바꿔 말해 봅시다.

> これは<u>高</u>すぎますね。<u>あれを買った</u>ほうがいいですよ。

① 長い ｜ 少し切る
② 大きい ｜ あのかばんにする
③ 重い ｜ 荷物を減らす

○ 다음 글을 읽고 질문에 답해 봅시다.

あまり太らない食べ方
❶ 食べる順番：野菜やサラダから食べたほうがいいです。
❷ カロリーが高い料理は昼食に食べて、夜はあまり食べないほうがいいです。ただし、我慢をしすぎてストレスになるのもよくありませんから、注意しましょう。
❸ 早く食べないほうがいいです。よくかんで、ゆっくり食べましょう。
❹ お菓子は、温かい飲み物と一緒に食べたほうがいいです。そのほうが満足感を得ることができます。お菓子も、夜は食べないほうがいいです。
❺ 眠る前にお腹がすく時もあります。そんな時は果物やスープがおすすめです。

① 食べる順番のおすすめは何ですか。
　＿＿＿＿＿＿＿＿＿＿＿＿から＿＿＿＿＿＿＿＿＿＿＿＿いいです。

② 夜の注意点は何ですか。
　夜は、カロリーが＿＿＿＿＿＿＿＿＿を＿＿＿＿＿＿いいです。

減らす 줄이다　太る 살이 찌다　順番 순서　カロリー 칼로리　我慢 참음　注意 주의　お菓子 과자
暖かい 따뜻하다　満足感 만족감　得る 얻다　お腹 배　すく 고프다, 비다

쓰기 마스터

🟡 **빈칸을 채워 문장을 완성해 봅시다.**

1 ① A Bさん、너무 많이 먹었어요 _____ よ。

　　 B そうですか。じゃ、이제 주문하지 않는 편이 낫다 _____

　　　ですね。

　② A うう… ちょっと (술을) 너무 많이 마셨습니다 _____ 。

　　 B 大丈夫(だいじょうぶ)ですか。そういう時(とき)は、토마토나 과일 주스를 마시는 편이 좋다 _____

　　　_____ そうです。

　　　はい、これ、どうぞ。

2 ① A 最近(さいきん)、무척 살이 쪘기 때문에 _____ 、困(こま)っています。

　　 B そうなんですか、それは大変(たいへん)ですね。_____

　　　_____ たほうがいいそうですよ。あ、それと、

　　　_____

　　　ないほうがいいそうです。

　② A 最近(さいきん)、밤에 잠들 수 없기 때문에 _____ 、困(こま)っています。

　　 B そうなんですか、それは大変(たいへん)ですね。_____

　　　_____ たほうがいいそうですよ。あ、それと、

　　　_____

　　　ないほうがいいそうです。

한자 마스터

🟡 한자를 따라 써 봅시다.

べつ 別	別		
つか 使う	使う		
じゅん ばん 順番	順番		
よ さん 予算	予算		
しょく ご 食後	食後		
ね だん 値段	値段		

일본 문화 즐기기

일본인의 생일(誕生日)
   たんじょうび

- 일본에서도 옛날에는 음력 나이(数え年)를 사용했기 때문에 설날(正月)에 모두가 다 함께 한 살을 더 먹는다고 인식되었고 특별히 개인의 생일(誕生日)을 축하하는 습관은 없었다. 오늘날과 같이 개인의 생일날을 축하하게 된 것은 1950년 연령을 세는 법에 대한 법률이 시행되어 만연령(満年齡)의 사용이 보급되기 시작한 후부터라고 한다.

- 다만 태어나서 1년이 된 첫 생일날을 특별히 축하하는 전통이 오래전부터 행해져 왔으며 오늘날에도 각 지역에 남아 있다. 그 축하 행사 중 대표적인 것이 갓난아이에게 떡을 매게 하거나 떡을 밟게 하는 것이다. 여기에는 평생 먹고 사는 데 고생하지 않도록 하는 바람이 담겨져 있다고 한다.

- 그 외에 생일은 아니지만 특정한 나이에 어린아이의 성장을 축하하는 '시치고산(七五三)'이라는 관습이 있다. 남자아이가 3살과 5살, 여자아이가 3살과 7살이 되는 해의 11월 15일에 아이의 성장을 축하하여 신사에 참배하는 행사이다.

- 근래에 인기 있는 생일선물로는 외식이나 식사권, 축하의 편지나 카드, 케이크나 여러 가지 식품류, 술, 여행·여행 쿠폰, 넥타이·스카프 등 의류, 지갑·수첩, 시계·보석 등을 비롯한 액세서리, 볼펜·만년필 등 문구, 영화·콘서트 티켓, 가방, 꽃다발, 잡화 등이 있으며, 당연히 남녀에 따라 선호하는 물품의 차이가 크다. 최근에는 생일인 사람의 이름이 새겨진 선물, 그 중에서도 술, 컵, 볼펜, 케이크, 티셔츠, 잡화 등이 인기가 있다.

8

セリに買いに行かせました

학습목표

1_ 동사의 사역형 「~(さ)せる」
2_ 추량 「~らしい」
3_ 추량 「~ようだ」

○ 그림을 보면서 잘 듣고 말해 봅시다.

オープン 오픈   ～ようだ ~(인/한) 것 같다

🌙 그림을 보면서 잘 듣고 말해 봅시다. 53~54

1 A あれ、田中さんは欠席ですか。 어, 다나카 씨는 결석입니까?

B いいえ、今こちらに向かっています。 아니요, 지금 이쪽으로 오고 있습니다.

どうやら、＿＿＿＿＿＿らしいです。 아무래도 ＿＿＿＿(인/한) 것 같습니다.

2 A 部長、会議の資料は大丈夫ですか。 부장님, 회의 자료는 괜찮습니까?

B 問題ありません。さっき、＿＿＿＿＿＿(さ)せました。
문제 없습니다. 아까 ＿＿＿＿ 시켰습니다.

欠席 결석　　向かう 향하다, 오다　　どうやら 아무래도　　寝坊 늦잠　　らしい ~(인/한) 것 같다　　資料 자료　　さっき 아까
秘書 비서　　させる 시키다　　部下 부하　　直させる 고치게 하다　　郵便 우편　　送らせる 보내게 하다　　取引先 거래처

 8 セリに買いに行かせました | 95

회화 마스터

🌕 **왕 씨 집에서 할로윈 파티를 준비하는 해리와 와타나베**

渡辺	部屋の飾りつけは終わりましたね。
ワン	はい。料理も準備できました。お酒はどうしますか。
ヘリ	お酒はセリに買いに行かせました。
ワン	そうですか。おつまみは私が買いましたよ。
渡辺	みなさん、お疲れさまでした。ところで、ケビンくんがいませんね。
ヘリ	ケビンさんはアルバイトで少し遅れるらしいです。
渡辺	そうですか。何時くらいに来るか分かりますか。
ヘリ	さっきメールがありました。あと30分くらいで着くらしいです。
ワン	ああ、早くお酒が飲みたいですね。
渡辺	はは。ワンさんはお酒が大好きなようですね。

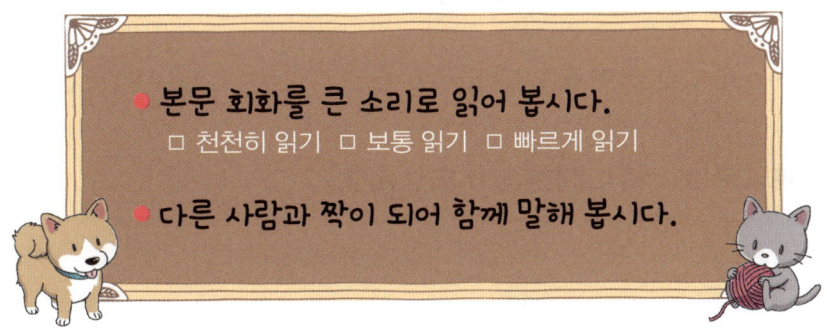

飾りつけ 장식　おつまみ 안주　ところで 그건 그렇고, 그런데　〜か 〜(한)지　メール 메일, 휴대전화 문자
あと 앞으로　着く 도착하다

문법 마스터

1 ～(さ)せる ～시키다(사역형)

'사역형'이란 주어가 제삼자에 대하여 어떤 일을 하도록 시키는 표현으로서 동사의 종류에 따라 「～せる」 혹은 「～させる」를 접속한다. 시킴을 받는 대상은 주로 「～に」격으로 표시된다.

先生が 山田さんに 本を 読ませる。 선생님이 야마다 씨에게 책을 읽게 한다.

u 동사	마지막 모음 [-u]를 [-a]로 바꾸고 「せる」를 접속한다.	会う 만나다 ➡ 会わせる 만나게 하다 待つ 기다리다 ➡ 待たせる 기다리게 하다 送る 보내다 ➡ 送らせる 보내게 하다 飲む 마시다 ➡ 飲ませる 마시게 하다 呼ぶ 부르다 ➡ 呼ばせる 부르게 하다 死ぬ 죽다 ➡ 死なせる 죽게 하다 書く 쓰다 ➡ 書かせる 쓰게 하다 泳ぐ 헤엄치다 ➡ 泳がせる 헤엄치게 하다 話す 말하다 ➡ 話させる 말하게 하다
ru 동사	어미 「る」를 떼고 「させる」를 접속한다.	食べる 먹다 ➡ 食べさせる 먹게 하다 見る 보다 ➡ 見させる 보게 하다
불규칙 동사	형태 자체가 바뀐다.	する 하다 ➡ させる 시키다 来る 오다 ➡ 来させる 오게 하다

A 赤ちゃんにケーキをいつごろから食べさせてもいいでしょうか。
아기에게 케이크를 언제쯤부터 먹여도 될까요?

B 2歳以降は、特に問題ありませんよ。
두 살 이후에는 특별히 문제 없어요.

赤ちゃん 아기   いつごろ 언제쯤   以降 이후

❷ 〜らしい　〜인(한) 것 같다

추량 표현은 어떤 근거를 가지고 판단이나 예상을 서술하는 표현이다. 일본어에는 다양한 추량 표현이 있는데 각각의 표현은 무엇을 근거로 판단하는가에 따라 구별된다. 그 중에서「〜らしい」는 주로 다른 사람에게 들은 것, 책에서 읽은 것, 미디어를 통해 본 것 등 간접적으로 얻는 정보를 근거로 추량하는 경우에 사용된다.

A　あのレストランは、お肉料理もおいしいらしいですね。
　　그 레스토랑은 고기 요리도 맛있다는 것 같아요.

B　はい、少し高いですが、その値段に合うおいしさだそうです。
　　네, 좀 비싸지만 그 가격에 맞는 맛이래요.

❸ 〜ようだ　〜인(한) 것 같다

「〜ようだ」는 말하는 사람이 직접 본 것이나 체험한 것을 근거로 추량할 때 사용된다. 따라서 확실한 단정을 피하여 말하는 사람의 판단이나 의견을 완곡하게 서술할 때 자주 사용된다. 회화체에서는「〜みたいだ」로 사용되는 경우가 많다.

A　今日から、関東地区は梅雨入りのようですね。
　　오늘부터 간토 지구는 장마가 시작되는 것 같아요.

B　しとしとと長く降り続く雨は嫌ですが、水不足を解消するためには梅雨が来ないといけませんね。
　　주룩주룩 오래도록 계속 내리는 비는 싫지만 물 부족을 해소하기 위해서는 장마가 와야만 해요.

お肉料理 고기 요리　　合う 맞다, 적절하다　　関東地区 간토 지구　　梅雨入り 장마가 시작됨　　しとしと 주룩주룩
降り続く 계속 내리다　　水不足 물부족　　解消 해소

단어 마스터

표현을 골라 알맞은 형태로 바꾸고 회화를 완성해 봅시다.

A このロボットは何でもできますよ。 이 로봇은 무엇이든 가능해요.
B じゃ、代わりに_____ましょう。 그러면 대신에 _____(합)시다.

部屋を片付ける

駅まで送る

料理を作る

レポートを書く

お風呂の掃除をする

お茶を入れる

子どもと遊ぶ

会社に行く

ロボット 로봇　片付ける 정리하다

말하기 & 읽기 마스터

○ 보기를 읽고 해석해 봅시다. 다음 밑줄 친 단어를 바꿔 말해 봅시다.

> A あれ、サークルルームがきれいですね。
> B 後輩に掃除をさせたそうですよ。

① 棚がきれいだ ｜ 書類を片付ける
② 冷蔵庫に料理がある ｜ 料理を作る
③ 車がない ｜ 駅まで送る

○ 다음 글을 읽고 질문에 답해 봅시다.

> 朴　あれ、だれもいないですね。みんな、どこかに出かけたようです。
> 田中　朴さんは、ほかのみんながどこに行ったか、分かりますか。
> 朴　あ、そういえば、今日は山田先輩が来ますよね。
> 　　それで飲み物を買いに行ったのかもしれません。
> 田中　そうですか。じゃ、私たちは掃除をしましょうか。
> 朴　サークルルームは昨日、後輩に片付けさせたので、大丈夫ですよ。
> 田中　なるほど。先輩が大学に何時に着くか、知っていますか。
> 朴　午後2時ごろに着くそうです。もう後輩に迎えに行かせました。
> 田中　そうですか。じゃ、私たちはここでお茶を入れて待っていましょう。

① サークルルームに誰かいましたか。
　いいえ、誰もいませんでした。＿＿＿＿＿＿＿＿＿＿＿＿＿ようです。
② サークルルームの掃除はどうしましたか。
　＿＿＿＿＿＿＿＿＿＿＿＿＿＿＿＿＿＿＿＿＿＿＿ました。

サークルルーム 동아리방　出かける 외출하다　迎える 마중하다

쓰기 마스터

🌕 「らしい」와 「ようだ」의 차이를 구분하여 대화문을 완성해 봅시다.

①

A 田中さんは 감기에 걸린 듯합니다 _____ ね。

B あ、あれ、風邪ではなくて 꽃가루 알레르기래요

_____ よ。

② A 山田さんは 今日、日本留学の 시험을 봤다고 합니다

_____ よ。

B そうなんですか。あ、あれ、山田さんですね。

시험은 어려웠던 듯하네요 _____ ね。

🌕 대화문을 완성해 봅시다. B의 대답에는 동사의 사역형을 사용해 봅시다.

① A 今日の飲み会、田中さんも来るでしょうか。

B 分かりません。後輩に 연락시켜서 _____ 確認しますね。

② A 山田さん、もう会場に着いたでしょうか。

B もう着いたそうですよ。会場まで後輩に _____ ました。

③ A あれ、会議室にもうお茶がありますね。誰が入れたんでしょうか。

B 後輩ですよ。さっき後輩に _____ から。

花粉症 꽃가루 알레르기

102

한자 마스터

🟡 한자를 따라 써 봅시다.

けっせき 欠席	欠席		
ぶ か 部下	部下		
ゆう びん 郵便	郵便		
そう じ 掃除	掃除		
かい しょう 解消	解消		
むか 迎える	迎える		

일본 문화 즐기기

일본의 음주 문화

- 일본의 음주 문화는 우리나라와 비슷하면서도 다른 점이 적지 않다.

- 술의 종류와 마시는 방법에 있어서도 일본의 독특한 특징을 볼 수 있는데, 청주인 사케(酒)를 따뜻하게 데워서 '아츠칸(熱燗)'으로 마시는 것도 그중 하나이다. 또한 위스키(ウイスキー)나 소주(焼酎) 등 독한 술은 물과 얼음으로 희석시켜 마시는 경우가 많은데 이를 '미즈와리(水割り)'라고 한다. 소주에 뜨거운 물을 섞어 '오유와리(お湯割り)'로 마시거나 중국의 우롱차나 여러 과일 맛 탄산수를 섞어 '츄하이(酎ハイ)'로 마시기도 한다. 그렇지만 우리나라 폭탄주처럼 다른 종류의 술을 같이 혼합해서 마시지는 않는다.

- 술자리 예절도 일본만의 특징이 있다. 우선 첨잔을 들 수 있다. 일본에서는 술을 마실 때 자기가 편하게 자작하는 경우도 많지만, 상대에게 술을 따라줄 때는 상대가 잔을 다 비우지 않아도 잔을 계속 채워주는 것이 매너이다. 일본에서도 두 손으로 술을 따르는 경우가 종종 있는데 우리와 달리 두 손으로 술병을 잡고 따른다. 또한 윗사람 앞이라고 해서 고개를 돌리거나 하는 일은 없다. 일본의 술자리에서는 개인의 자유가 존중되며 상대에게 술을 억지로 강요하거나 하지는 않는다. 먼저 다 함께 맥주를 마신 뒤 각자가 좋아하는 술을 시켜 마시는 자유로운 술자리 문화가 정착되어 있다.

- 술자리의 계산은 기본적으로 각자가 균등하게 분담해서 지불하는 각출이며, 이를 '와리칸(割り勘)'이라고 한다.

9

犬に手をかまれたんです

학습목표

1_ 동사의 수동형「～(ら)れる」
2_ 완료(후회+유감)「～て/でしまう」

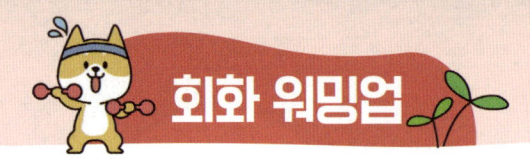

🟡 그림을 보면서 잘 듣고 말해 봅시다.

なくしてしまう 잃어버리다　交番 파출소

잘 듣고 다음과 같이 말해 봅시다.

1　A　さっき、＿＿＿＿＿＿＿＿（ら）れました。 아까 ＿＿＿＿＿ 당했습니다.
　　B　大丈夫ですか。 괜찮습니까?

2　A　昨日、＿＿＿＿＿＿＿＿（ら）れました。 어제 ＿＿＿＿＿ 당했습니다.
　　B　それは大変でしたね。 그거 큰일이었군요.

怒られる 혼이 나다, 야단을 맞다　　追いかけられる 쫓기다　　上司 상사　　頼まれる 부탁을 받다　　盗まれる 도둑 맞다
踏まれる 밟히다　　大雨 큰비, 폭우　　降られる 내리는 비를 맞다

9 犬に手をかまれたんです

회화 마스터

🟡 **비 오는 날 왕 씨와 담소를 나누는 새리**

🎧 62~64

セリ　ワンさん、こんにちは。大丈夫ですか。

ワン　あ、こんにちは。急に雨に降られて、すっかり濡れてしまいました。

セリ　このハンカチ、使ってください。

ワン　セリさん、優しいですね。

セリ　今、気づいたんですか。

　　　ところで、ここで何をしているんですか。

ワン　事務の人に呼ばれたんです。これから事務室に行きます。

セリ　そうですか。あれ、手にけがをしていますね。

ワン　さっき犬に手をかまれたんです。それで急いで病院に行ってきました。今日は本当に大変な1日です。

セリ　元気を出してください。後でコーヒーをごちそうしますから。

ワン　本当ですか。事務室に行ってくるので、少し待っていてください。

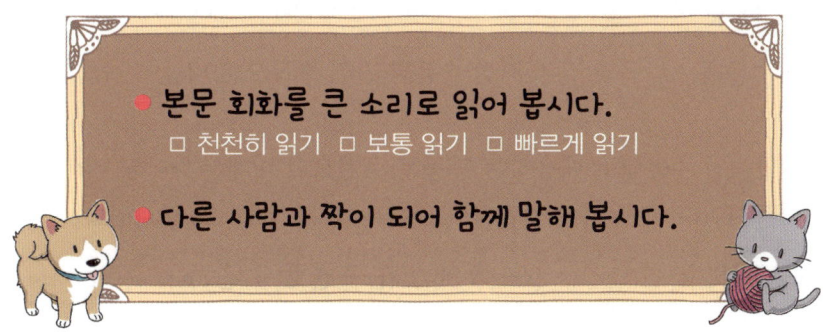

急に 갑자기　優しい 자상하다, 상냥하다　気づく 눈치를 채다, 알아차리다　事務の人 사무 직원　呼ばれる 불리다
元気を出す 기운을 내다, 힘내다　ごちそうする 대접하다

9 犬に手をかまれたんです　109

문법 마스터

1 〜(ら)れる 〜(해)지다(수동형)

수동형은 행위나 동작을 받는 사람을 중심으로 서술하는 표현으로서 동사의 종류에 따라「〜られる」를 접속한다.

先生が ケビンさんを ほめる。 선생님이 케빈 씨를 칭찬하다.

ケビンさんは 先生に ほめられる。 케빈 씨는 선생님에게 칭찬을 받다.

u 동사	마지막 모음 [-u]를 [-a]로 바꾸고「れる」를 접속한다.	待つ 기다리다 → 待たれる 기다려지다 作る 만들다 → 作られる 만들어지다 踏む 밟다 → 踏まれる 밟히다 呼ぶ 부르다 → 呼ばれる 불리다 死ぬ 죽다 → 死なれる 죽임을 당하다 書く 쓰다 → 書かれる 쓰이다 泳ぐ 헤엄치다 → 泳がれる (상대방이) 헤엄치다 押す 밀다 → 押される 밀리다
ru 동사	어미「る」를 떼고「られる」를 접속한다.	いじめる 괴롭히다 → いじめられる 괴롭힘을 당하다 ほめる 칭찬하다 → ほめられる 칭찬을 받다
불규칙 동사	형태 자체가 바뀐다.	する 하다 → される 당하다, 되다 招待する 하다 → 招待される 초대를 받다 来る 오다 → 来られる (상대방이) 오다

일본어의 수동태는 다음과 같이 직접 수동과 간접 수동으로 나눌 수 있다.

① 직접 수동

　가장 일반적인 수동태로 대응하는 능동문이 있으며 대개는「〜を」격이나「〜に」격을 취하는 타동사이다. 수동문에서 원래의 주어는「〜に」격으로 표시된다.

花子は太郎に愛される。(← 太郎が花子を愛する) 하나코는 다로에게 사랑을 받는다.

ほめる 칭찬하다　　愛する 사랑하다

② 간접 수동

　원래의 능동문에는 없는 명사구「私(나)」가 주어가 되는 수동태이다. '피해'의 의미가 포함되는 특징이 있다. 즉 어떤 행위나 사건으로 인해 '내가 피해를 입었다'는 뉘앙스가 강조된다. '간접 수동'의 경우에는 우리말과 대응이 어렵기 때문에 해석이 어렵다.

(私は) 母に本を捨てられた。(←母は私の本を捨てた)
(나는) 어머니에 의해 책이 버려졌다: 어머니가 책을 버린 것에 대한 피해의식을 표현

　일본어의 '간접수동'에는 자동사의 수동태도 포함된다. 이 경우 역시 단순한 사실의 기술이 아니라 그로 인해 '내가 피해를 입었다'는 뉘앙스가 함의되어 있다.

(私は) 雨に降られた。(←雨が降った)
(나는) 비를 맞았다: 비로 인해 피해를 받았다는 의미를 포함

A **電車の中で足を踏まれたんですが、なんと骨折していました。**
전철 안에서 발을 밟혔는데 웬걸 골절이 되어 있었어요.

B **あら、大変な目にあいましたね。** 어머, 큰일을 당했네요.

2　〜て/でしまう　〜(해) 버리다

「〜て/でしまう」는 단순한 완료 표현이 아니라 유감이나 후회 등 말하는 사람의 주관적인 감정을 실은 표현이다. 회화체에서는「〜ちゃう」와 같이 축약형이 사용되는 경우가 많다.

A **新しい携帯電話を落してしまって、画面にきずをつけてしまいました。** 새 휴대폰을 떨어뜨려 버려서 화면에 흠을 내 버렸어요.

B **画面のガラスが割れなくてよかったですね。** 화면 유리가 깨지지 않아서 다행이에요.

なんと 웬걸　骨折 골절　大変な目にあう 좋지 않은 일을 겪다, 큰일을 당하다　落とす 떨어뜨리다　画面 화면
きずをつける 흠(상처)을 내다　ガラス 유리　割れる 깨지다

단어 마스터

🟡 표현을 골라 빈칸에 넣고 회화를 완성해 봅시다.

A _____ んです。_____ (했)습니다.
B そうですか。大変ですね。 그렇습니까? 그것 참 안됐군요.

自転車を盗む

父が叱る

コーヒーをこぼす

親友が裏切る

パソコンを壊す

ペットが死ぬ

電車で足を踏む

一晩中、赤ちゃんが泣く

盗む 훔치다　こぼす 쏟다　叱る 혼내다　親友 친구　裏切る 배신하다　壊す 고장내다　一晩中 한밤중, 밤새
泣く 울다

○ 보기를 읽고 해석해 봅시다. 다음 밑줄 친 단어를 바꿔 말해 봅시다.

> レストランで、隣の人にワインをこぼされました。

① 道 ｜ 犬が追いかける
② カフェ ｜ だれかが携帯電話を盗む
③ 電車 ｜ 赤ちゃんが泣く

○ 다음 글을 읽고 질문에 답해 봅시다.

> 先週の土曜日、私は1日アルバイトだったのですが、店長に大きな仕事を任されたのでとても忙しかったです。それで家に帰るバスの中で眠ってしまったのですが、その時に財布を盗まれました。バスを降りた後、かばんを確認した時に財布はありませんでした。盗まれたことに気づいた時、ちょうど外国人に道を聞かれました。でも、私はとても焦っていたので間違った道を教えてしまいました。その後、バス会社に電話をして確認をしましたが、私の財布は届けられていなかったそうです。本当に悲しいです。

① 先週の土曜日は、どうしてとても忙しかったですか。
　アルバイト先の店長に_____ので、とても忙しかったです。
② 外国人に道を聞かれた時、どうしましたか。
　_____しまいました。

店長 점장　任す 맡기다　確認する 확인하다　外国人 외국인　焦る 초조하다, 안달하다　間違う 틀리다
バス会社 버스 회사　届ける 보내다, 전달하다　悲しい 슬프다

9 犬に手をかまれたんです ｜ 113

쓰기 마스터

🟡 예문을 참고해서 써 봅시다.

예문

友だち「ごめんなさい。パソコンを壊してしまいました。」
→ 金さん「友だちにパソコンを壊されました。」

① 隣の人「ごめんなさい。 발을 밟았습니다 ＿＿＿＿＿＿＿＿＿＿＿＿＿＿＿。」
　→ 私「＿＿＿＿＿＿＿＿に ＿＿＿＿＿＿＿＿＿＿＿＿＿＿＿＿＿＿＿。」

② 後輩「ごめんなさい。 케이크를 전부 먹어 버렸습니다 ＿＿＿＿＿＿＿＿＿＿＿＿＿。」
　→ 私「＿＿＿＿＿＿＿＿に ＿＿＿＿＿＿＿＿＿＿＿＿＿＿＿＿＿＿＿。」

③ 友だち「ごめんなさい。 일기를 읽어 버렸습니다 ＿＿＿＿＿＿＿＿＿＿＿＿＿＿＿。」
　→ 私「＿＿＿＿＿＿＿＿に ＿＿＿＿＿＿＿＿＿＿＿＿＿＿＿＿＿＿＿。」

🟡 수동형을 사용하여 '최악의 하루'를 써 봅시다.

今日は最悪な1日でした。
朝、家で＿＿＿＿＿＿＿＿＿＿＿＿＿＿＿＿＿＿＿＿＿＿＿＿＿＿＿。
大学に行く時、道で＿＿＿＿＿＿＿＿＿＿＿＿＿＿＿＿＿＿＿＿。
また、大学の食堂で＿＿＿＿＿＿＿＿＿＿＿＿＿＿＿＿＿＿＿＿。
帰るとき、電車で＿＿＿＿＿＿＿＿＿＿＿＿＿＿＿＿＿＿＿＿＿。

最悪だ 최악이다

한자 마스터

🟡 한자를 따라 써 봅시다.

ま 待つ	待つ		
ふ 降る	降る		
かく にん 確認	確認		
たい へん 大変	大変		
やさ 優しい	優しい		
じ む しつ 事務室	事務室		

9 犬に手をかまれたんです

일본 문화 즐기기

일본의 손수건 문화

- 일본에서 손수건을 'ハンカチ'라고 한다. 영어 단어인 'handkerchief'를 줄인 말이다. 일본에서는 남녀노소 모두 손수건을 가지고 다닌다. 손수건은 일본인들에게 일상의 필수품이며 매너이기도 하다. 근대 메이지시대(明治時代, 1868~1912)에 들어 서양의 양장과 함께 보급되었다. 그 이전에는 수건이나 손수건에 해당하는 '데누구이(手拭い)'를 몸에 지니고 다니며 다양한 용도의 생활필수품으로 사용하고 있었는데 그러한 습관이 오늘날의 일본인들의 손수건 문화에도 영향을 미쳤을 것이다.

- 손수건의 용도는 일본에서도 젖은 손이나 얼굴을 닦거나 땀을 닦거나 음식을 먹은 뒤에 입가를 닦거나 하는 등 우리와 크게 다르지 않다. 그러나 일본 여성들에게 손수건은 각별해서 세 장 정도 가지고 다니는 것이 세련된 매너라는 인식도 있다. 한 장은 젖은 손을 닦을 때 쓰는 일반용, 또 한 장은 앉았을 때의 무릎 덮개용, 마지막으로 다른 사람을 위하여 예비로 준비해 두는 것이다. 다른 사람이 눈물을 흘리거나 비에 젖었는데 손수건을 갖고 있지 않을 때 빌려줘야 한다는 것이다. 이럴 때 쓰는 손수건은 청결한 이미지인 하얀 손수건이 좋다는 의견도 있다.

- 일본에서도 선물로 손수건을 주는 경우가 많은데 이때도 유의할 필요가 있다. 손수건은 용도상 눈물을 닦는다는 이미지가 있어서 이별을 연상시키기도 하기 때문이다. 그러므로 윗사람이나 상사에게 손수건을 선물할 때는 신중해야 한다. 참고로 중국 고사에 의하면 손수건을 주는 것에는 상대와의 관계를 끊는다는 의미가 있어서 중국에서는 손수건을 선물하지 않는다고 한다.

10

雨が降ったら、カフェに行きましょう

학습목표

1_ 조건「～と」
2_ 조건「～ば」
3_ 조건「～たら」
4_ 조건「～なら」

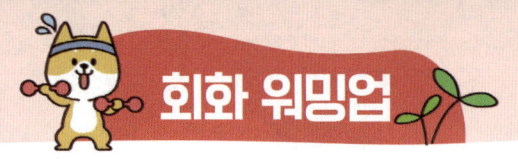

🟡 그림을 보면서 잘 듣고 말해 봅시다.

なると 되면

잘 듣고 다음과 같이 말해 봅시다. 67~68

1 A　もし＿＿＿＿＿たら、どうしますか。 만약 ＿＿＿＿(하)면 어떻게 할 겁니까?
　　 B　うーん、難しい質問ですね。 음, 어려운 질문이네요.

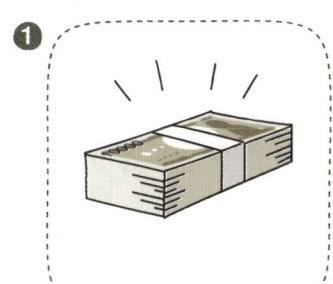

2 A　＿＿＿＿＿なら、どこがいいですか。 ＿＿＿＿면 어디가 좋습니까?
　　 B　それなら、＿＿＿＿＿がいいですよ。 그것이라면 ＿＿＿＿이/가 좋아요.

あったら 있으면　透明人間 투명 인간　なったら 되면　過去 과거　戻れたら 돌아갈 수 있으면　買うなら 산다면
売店 매점　修理するなら 수리한다면　秋葉原 아키하바라(지명)　飲むなら 마신다면　向かい 맞은편

회화 마스터

🟡 **왕 씨와 단풍 구경 이야기를 나누는 새리**

🎧 69〜71

ワン　秋になると、紅葉が始まりますね。

セリ　そうですね。紅葉を見に行きたいです。

ワン　じゃあ、一緒に見に行きませんか。
　　　紅葉を見るなら、タラグォン公園がいいそうです。

セリ　今週の土曜日だったら、ヘリも私も時間がありますよ。

ワン　できれば、二人で行きませんか。

セリ　え。二人だけですか。

ワン　はい、天気がよければ、紅葉を見ながら散歩しましょう。
　　　雨が降ったら、カフェに行きましょう。

セリ　分かりました。じゃあ、何時に、どこで待ち合わせましょうか。

ワン　午後3時に、タラグォン駅の前はどうですか。

セリ　分かりました。駅に着いたら、電話します。

ワン　楽しみにしています！

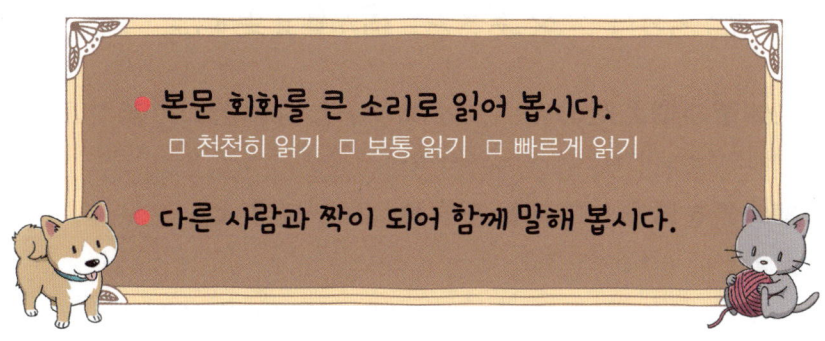

- 본문 회화를 큰 소리로 읽어 봅시다.
  ☐ 천천히 읽기　☐ 보통 읽기　☐ 빠르게 읽기
- 다른 사람과 짝이 되어 함께 말해 봅시다.

紅葉 단풍　　できれば 가능하면　　待ち合わせる 시간과 장소를 미리 정하고 만나기로 하다

문법 마스터

1 ～と ～(하)면, ～(하)니까

「～と」는 기본적으로 앞의 조건이 주어지면 반드시 뒤의 일이 성립하는 관계, 다시 말해서 늘 반복되는 항상적인 관계를 나타낸다. 비현실적인 사태뿐 아니라 현실에서 관찰되는 사태를 나타낼 때도 사용 가능하다. 따라서 자연현상이나 기계의 조작이나 결과, 습관 등을 나타낼 때 많이 쓰인다. 단 문장 끝에 오는 표현에 제약이 있어서 주어가 같은 경우 의지, 희망, 명령, 의뢰 등의 표현은 오기 어렵다.

A 春になると花が咲きますね。 봄이 되면 꽃이 피지요.
B そうですね。私はいつも花が咲くと春になったなあと感じます。
그러네요. 저는 언제나 꽃이 피면 봄이 왔구나 하고 느낍니다.

2 ～ば ～(하)면

「～ば」도 기본적으로는 항상적으로 성립되는 관계를 나타낸다. 주로 속담이나 격언에서 많이 사용되는데 「～と」와는 달리 사실적인 조건에는 사용하기 어렵고 주로 비현실(아직 실현되지 않은)적인 가정조건에 사용된다. 「～れば～するほど」와 같이 '비례적인 변화'를 나타낼 때도 사용된다. 단, 문장 끝에 올 수 있는 표현에 제약이 있어서 주어가 같은 경우 의지, 희망, 명령, 의뢰 등의 표현은 오기 어렵다.

100万円（○ あれば ／ × あると）何が買えますか。

A 急に体重が増えたので、ダイエットしないといけません。
갑자기 체중이 늘었기 때문에 다이어트해야 합니다.
B 食事の量を減らして運動をすればいいですよ。
식사량을 줄이고 운동을 하면 좋습니다.

咲く 피다　体重 체중　増える 늘다　ダイエット 다이어트　量 양

3 ～たら   ～(하)면, ～(했)더니

「～たら」는 '과거/완료'를 나타내는 「～た」형의 조건형으로서 기본적으로 일반적인 진리나 법칙을 기술하는 '일반조건'이 아니라 특정적인 개별적인 조건에 대해 기술할 때 사용된다. 다른 표현들에 비해 문장 끝에 오는 표현의 제약이 적으며 주로 회화체에서 사용된다.

A　もし宝くじが当たったら、何でも買ってあげますよ。
　　만약 복권에 당첨되면 뭐든지 사 줄게요.

B　本当に当たったらいいですね。　진짜로 당첨되면 좋겠네요.

4 ～なら   ～(하)면, ～(한)다면

「～なら」는 다른 세 가지 표현과는 달리 상대방의 발언을 받아 말하는 사람의 판단, 명령, 희망, 의지 등을 서술할 때 사용된다.

A　ちょっと買い物に行ってきます。　잠깐 물건 사러 다녀올게요.

B　買い物に行くなら、ついでにトイレットペーパーも買ってきてください。　물건 사러 가는 거면 가는 김에 화장실 휴지도 사 와 주세요.

> **TIP** 조건 표현은 지역에 따라서도 차이가 보인다고 한다. 일반적으로 간토 지역에서는 조건 표현을 구분해 쓰는 반면 간사이 지역에서는 큰 구분 없이 「～たら」를 자주 쓴다고 한다.

宝くじ 복권　　当る 당첨되다　　ついでに ～(하)는 김에　　トイレットペーパー 화장실 휴지

단어 마스터

🌕 표현을 골라 알맞은 형태로 바꾸고 회화를 완성해 봅시다.

A　もし＿＿＿＿＿＿＿＿たら、どうしますか。만약 ＿＿＿＿(한)다면 어떻게 합니까?
B　そうですね、悩みますね。그러게요. 고민이 되는군요.

 宝くじに当たる

透明人間になる

 政治家になる

背中につばさが生える

 2人から告白される

明日世界が終わる

 10年前に戻れる

1日が50時間ある

政治家 정치가　　背中 등　　つばさ 날개　　生える 생기다, 돋다　　告白 고백

○ 보기를 읽고 해석해 봅시다. 다음 밑줄 친 단어를 바꿔 말해 봅시다.

> タクシーで行けば、簡単ですよ。バスで行ったら、時間がかかりますよ。

① カードで払う ｜ 現金にする
② パソコンを使う ｜ ノートに全部書く
③ 事務の人にお願いする ｜ 自分でやる

○ 다음 글을 읽고 질문에 답해 봅시다.

> 東京を観光するなら、東京スカイツリーがおすすめです。東京で１番高いタワーだからです。スカイツリーは人気スポットなので、１時間以上待たなければならないこともあります。でも旅行中の外国人なら、パスポートを提示して３０００円のチケットを買えば、すぐに展望デッキに行くことができます。安く観光したいなら、都庁がおすすめです。都庁の展望室は無料です。それに、天気がよければ富士山が見られます。特に１２月から２月に行くと、富士山を見られることが多いそうです。

① 旅行中の外国人は、どうすればすぐにスカイツリーの展望デッキに行くことができますか。

　　_____ば、すぐに展望デッキに行くことができます。

② どんな場合に、都庁の展望室がおすすめですか。

　　_____なら、都庁の展望室がおすすめです。

現金 현금　タワー 타워　人気スポット 인기 명소, 인기 스폿　提示 제시　展望デッキ 전망 데크　チケット 티켓
都庁 도청　無料 무료　展望室 전망실

쓰기 마스터

🟡 예문을 참고하여 문장을 완성해 봅시다.

예문

宝くじに当たる
→ もし宝くじに当たったら、家族と海外旅行がしたいです。

① １週間休みがある

→ もし_____。

② 過去に戻れる

→ もし_____。

③ 有名になる

→ もし_____。

🟡 조건형을 사용하여 대화문을 만들어 봅시다.

① A 공부를 하다 _____なら、

   도서관 _____がおすすめですよ。

   B でも、私は 목이 마르다 _____と

   집중 못한다 _____んです。

② A やせたいなら、_____がおすすめですよ。

   B でも、私は_____と

   _____んです。

喉 목   渇く 마르다, 갈증 나다   やせる 살이 빠지다

한자 마스터

🟡 한자를 따라 써 봅시다.

かこ 過去	過去		
むりょう 無料	無料		
こうえん 公園	公園		
こうよう 紅葉	紅葉		
さんぽ 散歩	散歩		
げんきん 現金	現金		

10 雨が降ったら、カフェに行きましょう

일본 문화 즐기기

단풍놀이(紅葉狩り)
     もみじ が

- 일본에서도 단풍(紅葉)의 계절이 되면 단풍의 명소를 찾아 단풍놀이에 나서는 사람들로 넘쳐난다. 일본의 단풍은 9월 무렵부터 홋카이도(北海道)의 다이세츠산(大雪山)을 시작으로 서서히 남하한다. 단풍을 구경하는 적절한 시기를 '벚꽃전선(桜前線)'에 빗대어 '단풍전선(紅葉前線)'이라고 부른다. 단풍놀이의 시기는 홋카이도와 도호쿠 지방(東北地方)이 10월, 간토 지방(関東地方)에서 규슈(九州)에 걸쳐서는 11월에서 12월초까지이다.

- 단풍놀이에 사냥이라는 뜻의 '가리(狩り)'라는 말이 쓰인다. 그 유래는 새나 짐승을 사냥한다는 의미로 쓰이던 '가리(狩り)'라는 말이 산이나 들에 들어가 과일 등을 딴다는 의미로 확대되고 더 나아가 화초를 구경한다는 의미로까지 쓰이게 되어 '단풍사냥(紅葉狩り)'이라는 식의 표현이 생기게 되었다는 것이다. 여기에는 헤이안시대(平安時代, 794~1192)에 사냥을 하지 않는 귀족들이 자연을 즐기는 것을 '사냥'이라는 말로 비유해서 표현했기 때문이라는 설이 있다. 또한 실제로 산과 들을 찾아 단풍 등의 화초를 손에 들어 감상한 데에서 '사냥'이라는 말이 쓰이게 되었다는 설도 있다.

- 오늘날에도 산에서 버섯을 따는 것을 「きのこ狩り」라고 하고 과수원 등에서 딸기나 포도를 따는 것을 각 「いちご狩り」, 「ぶどう狩り」라고 부른다.

11

この お店にしようか
みせ

학습목표

1_ 보통체
2_ 동사의 의지·청유형「〜(よ)う」
3_ 의견「〜と思う」
4_ 양태「〜そうだ」

회화 워밍업

🍋 그림을 보면서 잘 듣고 말해 봅시다.

クラシックコンサート 클래식 콘서트

◯ 그림을 보면서 잘 듣고 말해 봅시다. 🎧74~75

1　A　このカフェはどう？ 이 카페는 어때?

　　B　そうだなあ。＿＿＿＿＿＿＿と思う。 음, ＿＿＿＿＿고 생각해.

2　A　ねえ、＿＿＿＿＿＿＿そうだよ。 있잖아, ＿＿＿＿＿(할) 것 같아.

　　B　そうだね。じゃあ、＿＿＿＿＿＿＿う。 그러네. 그러면 ＿＿＿＿＿(하)자.

～と思う ～(라)고 생각하다　　ハンバーグ 햄버그스테이크　　～そうだ ～(할) 것 같다

회화 마스터

🟡 왕 씨와 크리스마스를 어떻게 보낼지 이야기를 나누는 새리

🎧 76~78

ワン　もうすぐクリスマスだね。２４日はどうする？

セリ　一緒に、おしゃれなレストランで夜ご飯を食べようよ。

ワン　いいね。でも、クリスマスだから、いつもより人が多いと思うよ。

セリ　でも、やっぱり、レストランに行きたいな。

ワン　分かった。そうしよう。

セリ　このレストランはどう？料理がとてもおいしそうだよ。

ワン　うん、雰囲気もよさそうだね。このお店にしようか。

セリ　そうしよう！ところで、クリスマスの午前中は何をする予定？

ワン　図書館で日本語の宿題をする予定だよ。

セリ　え、クリスマスも勉強するの？

ワン　うーん…。やっぱり、遊ぼうかな。

セリ　じゃあ、一緒に映画館に行かない？

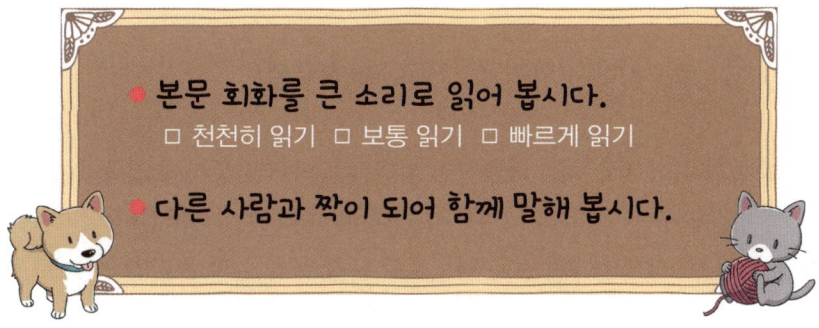

おしゃれだ 멋지다, 세련되다　**夜ご飯** 저녁밥, 저녁 식사　**午前中** 오전 중

1 보통체

	긍정(현재 / 과거)	부정(현재 / 과거)
명사	~だ・~である / ~だった	~ではない / ~ではなかった
な형용사	~だ・~である / ~だった	~ではない / ~ではなかった
い형용사	~い / ~かった	~くない / ~くなかった
동사	~る / ~た	~ない / ~なかった

「~です」나「~ます」를 접속하지 않은 형태를 '보통체'라고 한다. '보통체'는 친한 사이나 아랫사람에게, 혹은 글을 쓸 때 사용된다. '보통체'에는「~だ」체와「~である」체가 있는데 회화체에서는「~だ」를 사용하고 논문, 보고서 같은 문장체에서는「~である」를 사용하는 경우가 많다.

A 犬と猫と、どっちが好き？ 개와 고양이, 어느 쪽이 좋아?
B 猫かな。子どものころ犬にかまれた記憶があって、犬は今も恐いよ。 고양이일까. 어릴 때 개에게 물린 기억이 있어서 개는 지금도 무서워.

A 風邪をひいたって？ちょっとやせたね。 감기 걸렸다면서? 좀 빠진 것 같네.
B 高熱が出て、おかゆや水分ばかり摂っていたら、2～3キロぐらいやせちゃった。 고열이 나서 죽이랑 수분만 섭취했더니 2~3kg 정도 살이 빠져 버렸어.

2 ～(よ)う ～(해)야지(의지형), ～(하)자(청유형)

동사의 활용형의 하나로서 주로 의지적인 행위를 나타내는 동사에 접속하여 말하는 사람의 '의지'나 상대방에 대한 '청유'를 나타낸다. 상황에 따라 인토네이션이 달라지는데 문장 끝을 내리면 '의지'로, 상대방에게 질문 형식으로 문장 끝을 살짝 올리면 '청유'로 해석된다.

記憶 기억　恐い 무섭다　～って ~(라)면서?　高熱 고열　おかゆ 죽　水分 수분　摂る 섭취하다
キロ 킬로그램, 킬로미터

u 동사	마지막 모음 [-u]를 [-o]로 바꾸고 「う」를 접속한다.	会う 만나다 ➡ 会おう 만나겠다, 만나자 待つ 기다리다 ➡ 待とう 기다리겠다, 기다리자 作る 만들다 ➡ 作ろう 만들겠다, 만들자
		飲む 마시다 ➡ 飲もう 마시겠다, 마시자 遊ぶ 놀다 ➡ 遊ぼう 놀겠다, 놀자
		書く 쓰다 ➡ 書こう 쓰겠다, 쓰자 泳ぐ 헤엄치다 ➡ 泳ごう 헤엄치겠다, 헤엄치자
		話す 이야기하다 ➡ 話そう 이야기하겠다, 이야기하자
ru 동사	어미 「る」를 떼고 「よう」를 접속한다.	見る 보다 ➡ 見よう 보겠다, 보자 食べる 먹다 ➡ 食べよう 먹겠다, 먹자
불규칙 동사	형태 자체가 바뀐다.	する 하다 ➡ しよう 하겠다, 하자 来る 오다 ➡ 来よう 오겠다, 오자

A **来年こそいい成績をとって日本語能力試験の1級に合格しよう。**
내년에야말로 좋은 성적을 받아서 일본어능력시험 1급에 합격하자.

B **うん、一緒に頑張ろう。** 응, 함께 열심히 하자.

A **デザートも食べようよ。** 디저트도 먹자.

B **うーん、お腹いっぱいだから、私はコーヒーだけ飲もうかな。**
글쎄, 배부르니까 나는 커피만 마실까?

3 ～と思う　～(이)라고 생각한다

「～と思う」는 종지형에 접속하여 말하는 사람 자신의 개인적인 생각이나 주관적인 의견을 나타낸다. 의지형에 접속하여 「의지형＋と思う(~하려고 생각한다)」의 형태로 많이 사용된다.

成績 성적　　1級 1급

A 自分の気持を思いどおりに書くのは、簡単ではないよね。
자신의 마음을 생각하는 대로 쓰는 일은 쉽지 않네.

B 書くのも難しいけど、顔を見て話すのはもっと難しいと思う。
쓰는 것도 어렵지만 얼굴을 보고 말하는 것은 더욱 어려운 것 같아.

❹ 형용사 어간
동사 ます형　～そうだ　～(할) 것 같다

「～そうだ」가 형용사의 어간이나 동사의 「～ます형」에 접속할 때는 '～일(할) 것 같다'는 '양태'를 나타낸다. 예외적으로 「いい/よい(좋다)」와 「ない(없다)」는 어간이 아니라 각각 「よさそうだ」, 「なさそうだ」로 활용한다. 「～ようだ」와 비슷하게 말하는 사람이 직접 본 것이나 체험한 것을 근거로 사용하지만 시제에 자유로운 「～ようだ」와는 다르게 현재의 상태만을 나타낼 수 있다.

A 今日の飲み会の場所、ちょっと分かりにくいね。
오늘 회식 장소 좀 알기 어렵지?

B 私も行ったことがないんだ。行く前に電話をして確認したほうがよさそうだね。 나도 가 본 적 없어. 가기 전에 전화해서 확인하는 편이 좋을 거 같아.

A 暑くて死にそう！ 더워 죽을 것 같아!

B 今夜から少し涼しくなるそうだよ。ひさしぶりにぐっすり眠れそうだね。 오늘 밤부터 좀 시원해진다고 해. 오랜만에 푹 잘 수 있을 것 같아.

～と(ど)おりに ～(하)는 대로　今夜 오늘 밤

단어 마스터

🟡 표현을 골라 빈칸에 넣고 '크리스마스 계획'에 관한 회화를 완성해 봅시다.

A 今年のクリスマス、何をするつもり？
올해 크리스마스에 무엇을 할 예정이야?
B ＿＿＿＿＿＿＿と思っているんだ。＿＿＿＿＿(하)려고 생각 중이야.

家族とチキンを食べる

イルミネーションを見る

友だちとプレゼント交換をする

一日中、ケーキ屋で働く

恋人に結婚を申し込む

ボランティアで老人ホームに行く

1人でお酒を飲む

教会で歌を歌う

チキン 치킨　イルミネーション 일루미네이션　交換 교환　ケーキ屋 케이크 가게　働く 일하다　結婚 결혼
ボランティア 봉사활동　老人ホーム 양로원　教会 교회

11 このお店にしようか | 137

말하기 & 읽기 마스터

🟡 보기를 읽고 해석해 봅시다. 다음 밑줄 친 단어를 바꿔 말해 봅시다.

> 大阪に行ったら、本場のたこ焼きを食べようと思っているんだ。

① 大学を卒業する ｜ 日本の会社で働く
② 明日の試験が終わる ｜ 友だちとお酒を飲む
③ 彼女ができる ｜ ここで一緒にイルミネーションを見る

🟡 다음 글을 읽고 질문에 답해 봅시다.

朴　田中君は、今何か動物、飼ってる？
田中　僕の家ではパグを飼ってるよ。見て、この写真。名前はモカっていうんだ。見た目は少し怖そうだけど、性格はとてもおとなしいんだ。
朴　あ、その写真。眠そうな顔してるね。かわいい。
田中　モカは寝てる時、いびきがちょっとうるさいんだけど、まあ、それもかわいいんだ。
朴　僕は昔、家で猫を飼ってたんだ。それで、今度は犬を飼ってみようと思ってるんだけど…。
田中　じゃ、パグがいいんじゃない？あまり吠えないし、おすすめだよ。

① モカは、どんな見た目と性格ですか。
　　見た目は＿＿＿＿＿＿＿＿ですが、性格は＿＿＿＿＿＿＿＿です。
② 朴さんは何をしようと思っていますか。
　　昔、猫を飼っていたので、今度は＿＿＿＿＿＿＿＿と思っています。

本場 본고장, 본산지　パグ 퍼그　見た目 겉보기　吠える 짖다　いびき 코 고는 소리

쓰기 마스터

🟡 전문의「そうです」와 양태의「そうです」를 사용하여 문장을 만들어 봅시다.

예문

この本(ほん)はおもしろいです。
→ この本(ほん)はおもしろいそうです。
→ この本(ほん)はおもしろそうです。

① あのかばんは重(おも)いです。

→ _____

→ _____

② 料理(りょうり)が苦手(にがて)です。

→ _____

→ _____

③ 明日(あした)は雨(あめ)になります。

→ _____

→ _____

다나카 씨와 박 씨의 회화를 보통체로 바꾸어 봅시다.

田中 明日、時間がありますか。一緒に映画を見に行きませんか。
朴 すみません、明日はアルバイトがあるんです。あさってはどうですか。
田中 午後なら大丈夫ですよ。映画の前にお昼も一緒に食べましょう。
朴 いいですね。田中さんは、駅前のレストランに行ったことがありますか。
田中 はい、ありますよ。先週、木村さんと一緒に行きましたが、おいしかったですよ。

田中 明日、時間_____? 一緒に映画_____?
朴 ごめん、明日はアルバイトが_____。あさっては_____?
田中 午後なら_____。映画の前にお昼も一緒に_____。
朴 _____。田中君は駅前のレストランに_____?
田中 うん、_____。先週、木村君と一緒に_____けど、_____よ。

한자 마스터

🟡 한자를 따라 써 봅시다.

せいせき 成績	成績		
こうかん 交換	交換		

よる はん 夜ご飯	夜ご飯	
ふん い き 雰囲気	雰囲気	
と しょ かん 図書館	図書館	
えい が かん 映画館	映画館	

일본 문화 즐기기

일본의 크리스마스(クリスマス)

- 일본의 크리스마스는 우리와 비슷하면서도 일본만의 독특한 특징을 엿볼 수 있다. 그 이유로서 일본에는 기독교 신자가 극히 적어 크리스마스가 종교적인 의미보다는 하나의 성대한 이벤트로 인식되어 있고, 기업들의 상업전략의 영향도 적지 않다는 점을 들 수 있을 것이다.

- 일본의 크리스마스는 공휴일이 아니다. 일본에서는 헌법의 정교분리의 원칙에 따라 특정한 종교의 기념일을 공휴일로 하지 않는다고 한다.

- 크리스마스 케이크(クリスマスケーキ)를 먹는 것이 일본의 크리스마스의 전형적인 광경이다. 이것은 서양에는 없는 습관이라고 한다. 우리도 크리스마스 케이크를 먹지만 일본의 경우 크리스마스 케이크를 특별시하는 의식이 각별하다. 이것은 1920년대 제과회사 후지야(不二家)의 이미지 전략에 의해서 정착된 것이라고 한다.

- 크리스마스에 로스트 치킨(ローストチキン)이나 프라이드치킨(フライドチキン)을 즐겨 먹는다는 것도 일본의 특징이다. 미국에서 칠면조를 먹는 데서 유래한 것처럼 보이는데, 크리스마스가 치킨의 날로 인식된 것은 크리스마스에 켄터키 프라이드치킨을 먹자는 KFC의 마케팅의 영향이 결정적이었다고 한다.

- 특히 젊은 세대의 경우 크리스마스는 연인과 함께 보내는 1년 중 가장 특별한 날로 인식되어 있기도 하다. 가족과 함께 보내는 날이라는 서양의 인식과 많이 다른 점이다.

12

年越<small>とし</small>こしそばを召<small>め</small>し上<small>あ</small>がりますか

학습목표

1_ 존경 표현
2_ 겸양 표현

회화 워밍업

🟡 그림을 보면서 잘 듣고 말해 봅시다. 🎧80

はい、大好(だいす)きですよ。

先生(せんせい)はよくお酒(さけ)を
お飲(の)みになりますか。

お飲(の)みになる 드시다

◯ 그림을 보면서 잘 듣고 말해 봅시다. 81~82

1 A 課長、＿＿＿＿＿は＿＿＿＿＿ましたか。
     과장님, ＿＿＿＿＿은/는 ＿＿＿＿＿(하)셨습니까?

   B はい、問題ありません。 네, 문제 없어요.

❶

❷

❸

2 A ＿＿＿＿＿ましょうか。 ＿＿＿＿＿(할)까요?

   B あ、いいえ、大丈夫です。 아, 아니요, 괜찮습니다.

❶

❷

❸

契約書 계약서　お受け取りになる 받으시다　ご覧になる 보시다　なさる 하시다　お持ちする 들다(겸양어)
お宅 댁　お伺いする 여쭈다, 찾아뵙다　差し上げる 드리다

12 年越しそばを召し上がりますか

회화 마스터

🟡 올해 마지막 수업을 받는 새리

🎧 83〜85

田中先生　それでは、これで今年最後の授業を終わりにします。

セリ　　　ありがとうございました！

ケビン　　先生、年越しはどのようにお過ごしになりますか。

田中先生　家で家族と過ごす予定です。

ケビン　　そうですか。やっぱり、年越しそばを召し上がりますか。

田中先生　そうですね。毎年、年越しそばを食べます。

セリ　　　先生、年賀状をお送りしてもよろしいですか。

田中先生　あ、嬉しいですね。

セリ　　　では、先生の住所を伺ってもよろしいですか。

田中先生　はい、後で教えますね。

セリ　　　ありがとうございます。

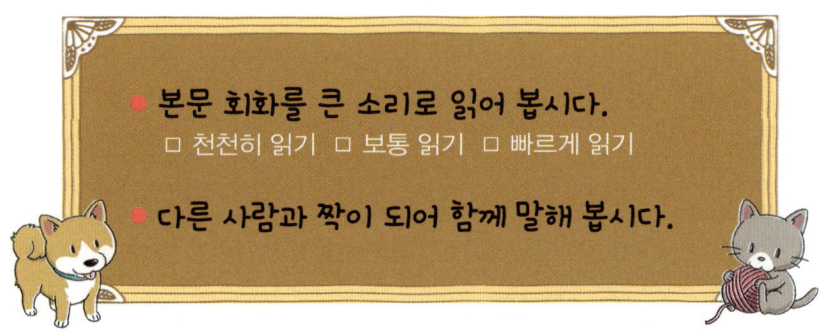

年越し 연말, 송구영신　お過ごしになる 지내시다　過ごす 지내다　年越しそば 연말에 먹는 메밀국수
召し上がる 드시다　年賀状 연하장　お送りする 보내다(겸양어)　住所 주소　伺う 여쭈다, 찾아뵙다

문법 마스터

① 존경 표현

일본어의 존경 표현은 여러 가지 형식으로 표현된다.

① 존경 동사

「いらっしゃる(오시다, 가시다, 계시다)」, 「ご覧になる(보시다)」, 「なさる(하시다)」 등 대응하는 존경 동사가 있을 경우에는 존경 동사를 사용한다.

② ～(ら)れる

「～(ら)れる」는 수동, 가능, 자발의 세 가지 용법 외에 '존경' 용법으로도 쓰인다.

③ お/ご + 동사의 ます형 + になる / なさる

먼저 일본 고유의 동사인 경우에는 「お」를 붙이고 한자어인 경우에는 「ご」를 붙인 후, 동사의 「～ます형」에 「～になる / なさる」를 접속한다.

A お食事の時間です。ごゆっくり召し上がってください。あ、お子様には子ども用のいすを使われますか。
식사시간입니다. 천천히 드세요. 아, 자녀 분에게는 아동용 의자를 쓰시겠습니까?

B はい、お願いします。 네, 부탁합니다.

A 会長、明日の会議にはご出席なさいますか。
회장님, 내일 회의에는 참석하십니까?

B うん、出席するよ。 응, 참석할게.

ごゆっくり 천천히   お子様 자녀분   子ども用 아동용   会長 회장, 회장님

❷ 겸양 표현

일본어의 겸양 표현도 여러 가지 형식으로 표현된다.

① 겸양 동사

「伺う(가다의 낮춤말)」, 「拝見する(보다의 낮춤말)」, 「いたす(하다의 낮춤말)」 등 대응하는 겸양 동사가 있을 경우에는 겸양 동사를 사용한다.

② お/ご + 동사의 ます형 + する/いたす

일본 고유의 동사인 경우에는 「お」를 붙이고 한자어인 경우에는 「ご」를 붙인 후, 동사의 「〜ます형」에 「する」를 접속한다. 더욱 정중하게 표현할 때는 「する」의 겸양 동사인 「いたす」를 사용한다.

A アンケートの詳細についてもう一度説明してください。
　　설문 조사의 자세한 내용에 대해서 한번 더 설명해 주세요.

B それについては、お配りした資料の１６ページをご覧ください。
　　그것에 대해서는 나누어 드린 자료의 16페이지를 봐 주십시오.

A ケビンさん、卒業おめでとうございます。 케빈 씨, 졸업 축하합니다.

B ありがとうございます。先生方のご指導で無事卒業できました。
　　心から深く感謝申し上げます。
　　감사합니다. 선생님들의 지도로 무사히 졸업할 수 있었습니다. 진심으로 깊이 감사 드립니다.

 「お伺いする」의 경우, 겸양 동사인 「伺う」와 일반 동사를 겸양 표현으로 바꾸는 「お〜する」를 합친 형태로 이중 경어이지만 관습적으로 정착한 표현이므로 오늘날 오용은 아니다.

お宅にお伺いしましょうか。 댁으로 찾아뵐까요?

アンケート 앙케트, 설문 조사　　**詳細** 자세한 내용　　**お配りする** 나누어 드리다　　**卒業** 졸업　　**〜方** 〜님들, 〜분들
ご指導 지도　　**無事** 무사함, 무사히　　**心から** 진심으로　　**深く** 깊이　　**感謝** 감사　　**申し上げる** 말씀드리다

3 존경 표현·겸양 표현

동사	정중체	존경어	겸양어
する 하다	します	なさる される	いたす
いる 있다	います	いらっしゃる おいでになる	おる
行く 가다	行きます	いらっしゃる 行かれる	伺う 参る
来る 오다	来ます	お越しになる おいでになる いらっしゃる お見えになる	参る
聞く 듣다	聞きます	お聞きになる お耳に入れる	伺う 拝聴する うけたまわる
見る 보다	見ます	ご覧になる	拝見する
言う 말하다	言います	おっしゃる 言われる	申す 申し上げる
食べる 먹다	食べます	召し上がる お食べになる	いただく
知っている 알다	知っています	ご存じだ	存じる 存じ上げる
会う 만나다	会います	お会いになる 会われる	お目にかかる

단어 마스터

○ 표현을 골라 알맞은 형태로 바꾸고 회화를 완성해 봅시다.

学生 先生、私が_____ます。 선생님, 제가 _____(하)겠습니다.
先生 あ、ありがとう。 아, 고마워요.

写真を撮る

セミナー室を予約する

資料を届ける

会場まで案内する

荷物を持つ

この件について説明する

見積書をメールで送る

今日中に電話する

セミナー室 세미나실   見積書 견적서

말하기 & 읽기 마스터

🟡 보기를 읽고 해석해 봅시다. 다음 밑줄 친 단어를 바꿔 말해 봅시다.

> 先生、会場に移動されますか（移動なさいますか）。
> では、私が会場までご案内します。

① 先生：資料を確認する ｜ 私：すぐに届ける
② 先生：明日セミナー室を使う ｜ 私：予約する
③ 先生：来週の食事会に行く ｜ 私：場所をメールで送る

🟡 다음 글을 읽고 ①～④의 행동을 하는(한) 사람은 누구인지 A・B・C・D에서 골라 봅시다.

高橋先生	申し訳ないんだけど、鈴木先生にこの本を届けたいんだ。
朴	分かりました。すぐに鈴木先生の研究室に参ります。あ、その前に、この書類をちょっとご覧いただけますか。中村先生がお書きになった書類なんですが…。
高橋先生	うーん、ちょっと確認に時間がかかりそうだな。
朴	それでは、後で先生の研究室に書類を取りに伺います。ご確認後は、書類をこの封筒にお入れください。先生は何時ごろ、研究室にいらっしゃいますか。
高橋先生	午後3時なら研究室にいると思うよ。

① 鈴木先生の研究室に行く ＿＿＿　　② 書類を書いた ＿＿＿
③ 書類を確認して、封筒に入れる ＿＿＿　　④ 書類を取りに行く ＿＿＿

　　A 朴さん　　B 高橋先生　　C 鈴木先生　　D 中村先生

封筒 봉투

쓰기 마스터

○ 다나카 씨와 박 씨의 대화를 보고 경어를 사용하여 다나카 씨와 선생님의 대화로 바꾸어 봅시다.

田中　朴さんはいつも、大学まで何で来ますか。
朴　　いつもは車で来ます。でも今日は夕方に食事会があるので、電車で来ました。
田中　それなら、安心してお酒を飲むことができますね。会場のお店の場所は知っていますか。あ、朴さんが撮ったその写真では、お店までの行き方が分かりにくそうですね。私がお店まで案内しましょうか。授業の後に朴さんの教室に行きます。

田中　先生はいつも、大学まで何で＿＿＿＿＿＿＿＿＿＿＿＿＿＿＿。
先生　いつもは車で来ます。でも今日は夕方に食事会があるので、電車で来ました。
田中　それなら、安心してお酒を＿＿＿＿＿＿ことができますね。会場のお店の場所は＿＿＿＿＿＿＿＿。あ、先生が＿＿＿＿＿＿＿＿＿＿＿＿＿その写真では、お店までの行き方が分かりにくそうですね。私がお店まで＿＿＿＿＿＿ましょうか。授業の後に先生の研究室に＿＿＿＿＿＿＿。

安心する 안심하다

손님에게 좋은 서비스를 합시다. 겸양어를 사용해 봅시다.

예문

お客「荷物がとても重いです。」
→ 私がお持ちします。
→ コインロッカーの場所をお教えします。

① お客「書類の字が小さくて、読めません。」

→ ＿＿＿＿＿＿＿＿＿＿＿＿＿＿＿＿＿＿＿＿＿＿＿＿＿＿＿＿＿。

② お客「この書類の書き方が、分かりません。」

→ ＿＿＿＿＿＿＿＿＿＿＿＿＿＿＿＿＿＿＿＿＿＿＿＿＿＿＿＿＿。

③ お客「トイレはどこにありますか。」

→ ＿＿＿＿＿＿＿＿＿＿＿＿＿＿＿＿＿＿＿＿＿＿＿＿＿＿＿＿＿。

④ お客「ちょっとこの部屋、暑いですね。」

→ ＿＿＿＿＿＿＿＿＿＿＿＿＿＿＿＿＿＿＿＿＿＿＿＿＿＿＿＿＿。

⑤ お客「銀行に行きたいんですが、この近くにありますか。」

→ ＿＿＿＿＿＿＿＿＿＿＿＿＿＿＿＿＿＿＿＿＿＿＿＿＿＿＿＿＿。

コインロッカー 유료물품보관함

한자 마스터

🟡 한자를 따라 써 봅시다.

うかが 伺う	伺う		
さい ご 最後	最後		
じゅう しょ 住所	住所		
ば あい 場合	場合		
そつ ぎょう 卒業	卒業		
す 過ごす	過ごす		

12 年越しそばを召し上がりますか

일본 문화 즐기기

도시코시소바(年越しそば)

- 일본에는 그 해의 마지막 날인 섣달 그믐날(大晦日)'에 메밀국수(そば)를 먹는 풍습이 있다. 이것을 '도시코시소바(年越しそば)'라고 하는데, 묵은해를 보내며 먹는 메밀국수라는 뜻이다. 이 풍습은 에도시대(江戸時代, 1603~1868)에 정착했다고 하는데 그 유래에는 여러 설이 있다.

- '도시코시소바'의 다양한 유래
  - 메밀국수는 가늘고 길게 늘어나므로 그처럼 장수를 기원하여 먹는다는 설
  - 메밀국수는 다른 면류에 비해 잘라지기 쉬워서 지난 한해의 고생과 불운을 깨끗이 잘라버리고 새해를 맞이하기 위해서 먹는다는 설
  - 옛날에 금은세공을 하는 장인들이 금가루 은가루를 모으는데 메밀떡으로 사용한데서 메밀국수를 먹으면 금운이 따른다는 설
  - 메밀은 비바람을 맞아도 햇빛을 받으면 다시 잘 자라므로 그처럼 건강을 기원해서 먹는다는 설
  - 옛날에 어떤 사찰에서 연말에 가난한 사람들에게 메밀떡을 만들어 나누어주자 그 사람들에게 행운이 따랐다는데서 왔다는 설
  - 에도시대에 상인들이 매달 마지막 날 메밀국수를 먹는 풍습이 있었는데 여기에서 왔다는 설

- '도시코시소바'는 그해의 불운을 잘라낸다는 의미에서도 해를 넘기기 전에 먹어야 좋다고 한다. 일반적으로 저녁식사 때나 저녁 늦게 야식으로 먹을 때, 제야의 종(除夜の鐘)을 들으며 먹는 경우가 많다. 일본에서는 제야의 종은 섣달 그믐날 늦은 밤부터 새해 자정에 걸쳐 치게 되는데, 제야의 종을 들으면서 먹을 때는 해를 넘기지 않도록 하는 것이 좋다.

# 부록

- 스크립트 및 모범 답안
- 문법 찾아보기
- 단어 찾아보기

• 스크립트 및 모범 답안

1 海より山のほうが好きです

회화 워밍업

M 일본어 능숙해졌네요.
F 고맙습니다. 매일 공부하고 있어요.

1 ① A 犬と猫、どちらが好きですか。
　　　　개와 고양이 어느 쪽을 좋아합니까?
　　B 犬より猫のほうが好きです。
　　　　개보다 고양이를 좋아합니다.
　② A 肉と魚、どちらが好きですか。
　　　　고기와 생선 어느 쪽을 좋아합니까?
　　B 肉より魚のほうが好きです。
　　　　고기보다 생선을 좋아합니다.
　③ A ワインとビール、どちらが好きですか。
　　　　와인과 맥주 어느 쪽을 좋아합니까?
　　B ワインよりビールのほうが好きです。
　　　　와인보다 맥주를 좋아합니다.

2 ① A どうして猫が好きですか。
　　　　왜 고양이를 좋아합니까?
　　B かわいいですし、おとなしいですから。
　　　　귀엽고 얌전하니까요.
　② A どうして魚が好きですか。
　　　　왜 생선을 좋아합니까?
　　B おいしいですし、脂肪が少ないですから。
　　　　맛있고 지방이 적으니까요.
　③ A どうしてビールが好きですか。
　　　　왜 맥주를 좋아합니까?
　　B 安いですし、アルコール度数が低いですから。 싸고 알코올 도수가 낮으니까요.

단어 마스터

A どこに行きましょうか。
B そうですね。ここはどうですか。海が近いですし、景色もきれいですよ。

A どこに行きましょうか。
B そうですね。ここはどうですか。お酒がおいしいですし、魚も新鮮ですよ。

A どこに行きましょうか。
B そうですね。ここはどうですか。空気がいいですし、温泉も有名ですよ。

A どこに行きましょうか。
B そうですね。ここはどうですか。ホテルが新しいですし、交通も便利ですよ。

말하기 & 읽기 마스터

커피보다 홍차를 좋아합니다.
커피는 홍차만큼 좋아하지 않습니다.

① 駅前のカフェより、このカフェのほうが静かです。駅前のカフェは、このカフェほど静かではありません。
② 私のかばんより、キムさんのかばんのほうが大きいです。私のかばんは、キムさんのかばんほど大きくありません。
③ スーパーの野菜より、デパートの野菜のほうが高いです。スーパーの野菜は、デパートの野菜ほど高くありません。

올해 3월에 우리 마을 동물원에서 유명한 드라마 촬영이 있었습니다. 그래서 많은 사람이 동물원에 와서 마을은 시끌벅적해졌습니다. 또한 최근에 마을 역이 새로워져서 교통도 편리해졌습니다. 그것은 무척 기쁜 일이지만 힘든 점도 있습니다. 평일은 보통 카페는 조용하잖아요? 하지만 지금은 사람이 많아서 전만큼 조용하지 않습니다. 저는 시끄러운 카페보다 조용한 카페를 좋아해서 조금 아쉽습니다.

① 町の駅が新しくなって、交通が便利になったことがうれしいです。
② にぎやかなカフェより静かなカフェのほうが好きです。

쓰기 마스터

① 7月のほうが4月よりにぎやかです。
7月のほうが4月より人が多いです。
4月は7月ほどにぎやかではありません。
4月は7月ほど人が多くありません。

② 夏になって、海はにぎやかになりました。
夏になって、人が多くなりました。

① 一緒に北海道を旅行しませんか。
魚がおいしいですし、景色もきれいですし、
(자유롭게) よ。

2 花火大会に行くつもりです

회화 워밍업

F 여름방학에는 무엇을 할 생각입니까?
M 유럽을 여행할 생각입니다.

1 ① A 週末はどうしますか。
주말은 어떻게 보내나요?
B 家で勉強するつもりです。
집에서 공부할 생각입니다.

② A 週末はどうしますか。
주말은 어떻게 보내나요?
B 恋人と映画を見るつもりです。
애인과 영화를 볼 생각입니다.

③ A 週末はどうしますか。
주말은 어떻게 보내나요?
B クラシックコンサートに行くつもりです。
클래식 콘서트에 갈 생각입니다.

2 ① A お昼を食べる前に、本屋に寄ってもいいですか。
점심을 먹기 전에 서점에 들러도 괜찮습니까?
B いいですよ。좋아요.

② A デパートで買い物をする前に、本屋に寄ってもいいですか。 백화점에서 쇼핑을 하기 전에 서점에 들러도 괜찮습니까?
B いいですよ。좋아요.

③ A カフェでコーヒーを飲む前に、本屋に寄ってもいいですか。 카페에서 커피를 마시기 전에 서점에 들러도 괜찮습니까?
B いいですよ。좋아요.

단어 마스터

A 夏休み、何をする予定ですか。
B 今年の夏は、車の免許を取るつもりです。

A 夏休み、何をする予定ですか。
B 今年の夏は、塾で英語を教えるつもりです。

A 夏休み、何をする予定ですか。
B 今年の夏は、通訳のアルバイトをするつもりです。

A 夏休み、何をする予定ですか。
B 今年の夏は、日本語能力試験を受けるつもりです。

A 夏休み、何をする予定ですか。
B 今年の夏は、恋人を作るつもりです。

A 夏休み、何をする予定ですか。
B 今年の夏は、北海道を車で旅行するつもりです。

A 夏休み、何をする予定ですか。
B 今年の夏は、ワインの教室に通うつもりです。

A 夏休み、何をする予定ですか。
B 今年の夏は、イタリア料理を習うつもりです。

말하기 & 읽기 마스터

버스를 타기 전에 전화를 합니다.
전화를 한 후에 버스를 탑니다.

① プレゼントを買う前に、サイズを聞きます。
　サイズを聞いた後、プレゼントを買います。
② テストを受ける前に、トイレに行きます。
　トイレに行った後、テストを受けます。
③ 花火をする前に、海で遊びます。
　海で遊んだ後、花火をします。

올여름 저는 자동차 면허를 딸 예정입니다. 그래서 면허 합숙에 가기 전에 번역 아르바이트를 해서 합숙 비용을 준비할 겁니다. 또한 면허 시험을 보기 전에는 연습을 많이 해서 한번에 합격할 생각입니다. 자동차 면허를 딴 후에는 가족과 자동차로 여행을 하고 싶습니다. 또한 8월에는 여자친구와 바다에 갈 예정입니다. 바다에서 논 후에 가까운 가게에서 신선한 생선을 먹을 생각입니다. 전철보다 자동차가 편리하므로 바다에 가기 전에 면허를 따고 싶습니다.

① 免許の合宿に行く前に翻訳のアルバイトでお金を準備します。
② 試験を受ける前に練習をたくさんして、1回で合格するつもりです。

쓰기 마스터

1 ① ご飯を食べる前に、手を洗いましょう。
　② ご飯を食べた後、歯をみがきましょう。
2 ① デートをする前に、(자유롭게)。
　② デートをした後、(자유롭게)。

① 26日は友だちが遊びに来る前に、部屋を掃除するつもりです。
② 母と箱根の湖でボートに乗るつもりです。

3 花火を見るのは好きです

회화 워밍업

F 저는 사람들 앞에서 말하는 것을 잘 못해요.
M 저도 그래요.

1 ① A 大丈夫ですか。괜찮아요?
　　B 実は、辛いのが苦手で…。
　　　실은 매운 것을 잘 못 먹어서.
② A 大丈夫ですか。괜찮아요?
　　B 実は、にぎやかなのが苦手で…。
　　　실은 소란스러운 것을 싫어해서.
③ A 大丈夫ですか。괜찮아요?
　　B 実は、人前で歌うのが苦手で…。
　　　실은 사람들 앞에서 노래를 잘 못 불러서.

2 ① A 今晩、駅前のレストランに行きませんか。
　　　오늘 저녁에 역 앞의 레스토랑에 가지 않겠습니까?
　　B いいですね。あ、でも、レストランは休みかもしれないですよ。
　　　좋아요. 아, 그렇지만 레스토랑은 휴무일지도 몰라요.
② A 今晩、駅前のレストランに行きませんか。
　　　오늘 저녁에 역 앞의 레스토랑에 가지 않겠습니까?
　　B いいですね。あ、でも、田中さんは忙しいかもしれないですよ。
　　　좋아요. 아, 그렇지만 다나카 씨는 바쁠지도 몰라요.
③ A 今晩、駅前のレストランに行きませんか。
　　　오늘 저녁에 역 앞의 레스토랑에 가지 않겠습니까?
　　B いいですね。あ、でも、田中さんは残業するかもしれないですよ。
　　　좋아요. 아, 그렇지만 다나카 씨는 야근일지도 몰라요.

단어 마스터

A 新しい仕事は楽しいですか。
B はい。でも、メンバーの意見をまとめるのが大変です。

A 新しい仕事は楽しいですか。
B はい。でも、英語で報告書を書くのが大変です。

A 新しい仕事は楽しいですか。
B はい。でも、ノルマを達成するのが大変です。

A 新しい仕事は楽しいですか。
B はい。でも、多くの商品を覚えるのが大変です。

A 新しい仕事は楽しいですか。
B はい。でも、たまに深夜まで仕事があるのが大変です。

A 新しい仕事は楽しいですか。
B はい。でも、出張で毎月海外に行くのが大変です。

A 新しい仕事は楽しいですか。
B はい。でも、会社が遠いので早朝に起きるのが大変です。

A 新しい仕事は楽しいですか。
B はい。でも、満員電車で通勤するのが大変です。

말하기 & 읽기 마스터

> 길이 막혀서 조금 늦을지도 모릅니다.

① 風邪が長引いているので大きい病院に行くかもしれません。
② いつもと違う道を選んだので道に迷うかもしれません。
③ 1時間前に家を出たのでもう到着しているかもしれません。

다나카　오늘 낮은 몹시 더웠잖아요. 셔츠가 땀에 젖었기 때문에 저는 한번 기숙사로 돌아가서 샤워를 했습니다.
박　　　땀이 많이 나는 것은 정말 난감해요.
다나카　그러고 보니 박 씨는 오늘 술 모임에 가나요? 6시에 만나서 함께 가지 않겠습니까?
박　　　오늘 술모임에는 갈 생각이에요. 하지만 저녁 스터디 모임이 길어질 수도 있으니 먼저 가게에 가세요.

---

① 汗がたくさん出るのが困ります。
② いいえ。朴さんの夕方の勉強会が長引くかもしれませんから、一緒に行きません。

쓰기 마스터

A 空が暗いですね。午後には雨が降るかもしれませんね。
B 濡れるのは嫌ですから、傘を持って行きましょう。
A そうですね。それと、雨の日は道が込むので、電車で行きましょう。約束の時間に遅れるのは困りますからね。

① 田中さんはお父さんと性格が似ていますね。田中さんも将来、学者になるかもしれませんね。
② 田中さん、朝から疲れていますね。今日は(자유롭게)かもしれませんね。

4 サークルも忙しいんです

회화 워밍업

M 역 앞 백화점에서 세일을 하고 있는데 가지 않겠습니까?
F 좋아요.

1 ① A 最近、忙しいですか。 요즘 바쁜가요?
　　 B はい、来週、テストが多いんです。
　　 네, 다음 주에 테스트가 많습니다.
　② A 最近、忙しいですか。 요즘 바쁜가요?
　　 B はい、宿題が大変なんです。
　　 네, 숙제가 힘들어요.

③ A 最近、忙しいですか。요즘 바쁜가요?
B はい、毎日アルバイトをしているんです。네, 매일 아르바이트를 합니다.

2 ① A 今日は仕事が多いです。
오늘은 일이 많습니다.
B そうですか。僕が少し手伝いましょうか。그래요? 제가 좀 도울까요?
② A この漢字の書き方が難しいです。
이 한자 쓰는 법이 어렵습니다.
B そうですか。僕が教えましょうか。
그래요? 제가 가르쳐줄까요?
③ A 朝から気持ちが悪いです。
아침부터 몸이 안 좋습니다.
B そうですか。僕が病院まで送りましょうか。그래요? 제가 병원에 데려다 줄까요?

단어 마스터

A 学園祭で焼きそばを作るんですか。
B はい。ぜひ来てください。
A 学園祭で絵を展示するんですか。
B はい。ぜひ来てください。
A 学園祭でギターを弾くんですか。
B はい。ぜひ来てください。
A 学園祭でアクセサリーを売るんですか。
B はい。ぜひ来てください。
A 学園祭でダンスを踊るんですか。
B はい。ぜひ来てください。
A 学園祭で劇の主人公をやるんですか。
B はい。ぜひ来てください。
A 学園祭で美人コンテストに出るんですか。
B はい。ぜひ来てください。
A 学園祭で日本語のスピーチをするんですか。
B はい。ぜひ来てください。

말하기 & 읽기 마스터

A B씨도 오늘 술모임에 가지요?
B 미안해요. 오늘은 아르바이트 하는 날이에요.

① A Bさんもダンスを踊るでしょう？
B すみません、ダンスは苦手なんです。
② A Bさんもスピーチ大会に出るでしょう？
B すみません、その日は他の用事があるんです。
③ A Bさんも今月の日本語能力試験を受けるでしょう？
B すみません、今月は毎日アルバイトで忙しいんです。

박	다나카 씨, 그 다리 어떻게 된 거예요?
다나카	무거운 짐을 옮기고 있을 때 넘어져서 다쳤어요. 나을 때까지 깁스를 해야 해서 몹시 불편해요.
박	큰일이로군요. 이 다음 회화 수업의 교실은 이 건물 5층이죠?
다나카	네. 이 건물은 엘리베이터가 없어서 이동하는 것이 너무 힘들어요.
박	그러면 제가 대신 가방을 들어 줄까요? 이동하기 조금 편해질지도 몰라요.
다나카	괜찮습니까? 고맙습니다. 그러면 저는 주스를 사 드릴게요.

① 重い荷物を運んでいる時に転んだので、足をけがしたんです。
② 移動が少し楽になるかもしれませんから、田中さんのかばんを持ちました。

쓰기 마스터

A どうしたんですか。
B ジュースが飲みたいんですが、お金がないんです。

A じゃ、私がおごりましょうか。

A どうしたんですか。
B 重い荷物を運んでいたんですが、転んでけがをしたんです。
A じゃ、(자유롭게)。

5 ギターを弾くことができます

회화 워밍업

F 스포츠는 무엇을 잘하세요?
M 수영입니다. 접영도 할 수 있습니다.

1 ① A この漢字が読めますか。
   이 한자를 읽을 수 있습니까?
   B はい、読めます。 네, 읽을 수 있습니다.
② A 辛い料理が食べられますか。
   매운 요리를 먹을 수 있습니까?
   B はい、食べられます。 네, 먹을 수 있습니다.
③ A 朝7時までに来られますか。
   아침 7시까지 올 수 있습니까?
   B はい、来られます。 네, 올 수 있습니다.

2 ① A 今日、田中さんは会議に来ませんか。
   오늘 다나카 씨는 회의에 오지 않습니까?
   B はい、子どもが風邪をひいたそうです。
   네, 아이가 감기에 걸렸다고 합니다.
② A 今日、田中さんは会議に来ませんか。
   오늘 다나카 씨는 회의에 오지 않습니까?
   B はい、別の会議に出席しているそうです。 네, 다른 회의에 참석하고 있다고 합니다.
③ A 今日、田中さんは会議に来ませんか。
   오늘 다나카 씨는 회의에 오지 않습니까?
   B はい、今日から中国へ出張に行くそうです。 네, 오늘부터 중국에 출장을 간다고 합니다.

단어 마스터

A 来月、コンサートがありますね。
B はい。私はピアノを弾きます。

A 来月、コンサートがありますね。
B はい。私はバイオリンを弾きます。

A 来月、コンサートがありますね。
B はい。私はトランペットを吹きます。

A 来月、コンサートがありますね。
B はい。私はハーモニカを吹きます。

A 来月、コンサートがありますね。
B はい。私はドラムをたたきます。

A 来月、コンサートがありますね。
B はい。私はカスタネットをたたきます。

A 来月、コンサートがありますね。
B はい。私はタンバリンを振ります。

A 来月、コンサートがありますね。
B はい。私はハンドベルを振ります。

말하기&읽기 마스터

A Bさんはバイオリンを할 수 있습니까?
B 네, 조금 켤 수 있습니다.

① A Bさんはトランペットができますか。
   B はい。少し吹けます。
② A Bさんはフランス語ができますか。
   B はい。少し話せます。
③ A Bさんは社交ダンスができますか。
   B はい。少し踊れます。

다나카 씨의 프로필

제 매력 포인트는 요리를 할 수 있다는 점입니다. 여러분은 고기와 생선, 어느 쪽을 좋아하나요? 저는 특히 생선 요리를 잘 만들 수 있습니다. 혼자 생선 살을 깔끔하게 발라낼 수도 있습니다. 또한 저는 채소를 거의 같은 크기로 자를 수 있습니다. 요리에 사용하는 채소의 크기가 균일한 편이 요리가 예뻐 보이고 식감도 좋다고 합니다. 취미는 한국어입니다. 뉴스는 조금 어렵지만 드라마 대사는 거의 이해합니다. 한국어로 스피치를 할 수도 있고 초급 수준의 한국어는 가르칠 수 있습니다.

① 1人で魚をきれいにおろすことができるそうです。
② 初級レベルの韓国語が教えられるそうです。

쓰기 마스터

1　① 朴さんは昨日、料理を作ったそうです。
　　② 朴さんは昨日、写真を撮ったそうです。
　　③ 朴さんは昨日、日本語で話したそうです。

2　① 朴さんは料理が上手に作れるそうです。
　　② 朴さんは写真が上手に撮れるそうです。
　　③ 朴さんは日本語が上手に話せるそうです。

6 この書類、なくさないでくださいね

회화 워밍업

M　선생님, 중간시험은 언제입니까?
F　다음 주 화요일입니다. 잊지 마세요.

1　① A 授業中に寝ないでください。수업 중에 자지 마세요.
　　　B はい、分かりました。네, 알겠습니다.
② A 授業中に携帯電話を使わないでください。수업 중에 휴대전화를 사용하지 마세요.
　　B はい、分かりました。네, 알겠습니다.
③ A 授業中に隣の友だちと話さないでください。수업 중에 옆 친구와 이야기하지 마세요.
　　B はい、分かりました。네, 알겠습니다.

2　① A 電話番号は書かなくてもいいですか。전화번호는 쓰지 않아도 됩니까?
　　B いいえ、書かなくてはいけません。아니요, 써야 합니다.
② A 明日は会社に来なくてもいいですか。내일은 회사에 오지 않아도 됩니까?
　　B いいえ、来なくてはいけません。아니요, 와야 합니다.
③ A ここでは靴を脱がなくてもいいですか。여기서는 신발을 벗지 않아도 됩니까?
　　B いいえ、脱がなくてはいけません。아니요, 벗어야 합니다.

단어 마스터

A 宿舎では、たばこを吸わないでください。
B 分かりました。気をつけます。

A 宿舎では、お酒を飲まないでください。
B 分かりました。気をつけます。

A 宿舎では、廊下で騒がないでください。
B 分かりました。気をつけます。

A 宿舎では、門限に遅れないでください。
B 分かりました。気をつけます。

A 宿舎では、のら猫にえさをあげないでください。
B 分かりました。気をつけます。

A 宿舎では、門の前に自転車を停めないでください。
B 分かりました。気をつけます。

A 宿舎では、月曜日に生ごみを出さないでください。

B 分かりました。気をつけます。
A 宿舎では、夜10時以降に洗濯機を使わないでください。
B 分かりました。気をつけます。

쓰기 마스터

◯
① テストの後に事務室に来なくてはいけません。
② ここに車を停めないでください。
③ 夕方、猫にえさをあげなくてはいけません。
④ 夜中に外で騒がないでください。

◯
A Bさん、事務室の掃除、私も何か手伝いましょうか。
B ありがとうございます。じゃ、この棚の書類を整理してください。
A 分かりました。この今月の書類はどうしますか。
B あ、それは、後でコピーしなくてはいけないので、あの棚にしまってください。
A 分かりました。2015年の書類は捨ててもいいですか。
B はい、2015年の書類はしまわなくてもいいです。

말하기 & 읽기 마스터

A 내일 설명회 가지 않아도 됩니까?
B 아니요, 전원 가야 합니다.

① A この機械の使い方、習わなくてもいいですか。
B いいえ、全員習わなくてはいけません。
② A 9月にある勉強会、参加しなくてもいいですか。
B いいえ、全員参加しなくてはいけません。
③ A 先生が授業で紹介した本、読まなくてもいいですか。
B いいえ、全員読まなくてはいけません。

옷장을 정리할 때의 포인트
❶ 먼저 옷을 모읍니다.
❷ 다음으로 '버리는 기준'을 만들어야 합니다. 예를 들어 '반년 입지 않은 옷은 버린다' 등.
❸ 몇 년간 입지 않은 옷은 앞으로도 거의 입지 않습니다. 고민하지 말고 버립시다. 비싼 옷도 ❷의 기준에 맞춰서 버리세요.
❹ 마지막으로 남은 옷을 옷장에 넣습니다. 주름이 생기지 않는 옷은 옷걸이에 걸지 않아도 괜찮습니다. 의상 케이스에 넣을 때는 옷을 쌓지 마세요. 옷을 세워서 보관합시다. 그렇게 하는 편이 옷의 위치를 금방 알 수 있습니다.

① 「捨てる基準」を作らなくてはいけません。
② 服を積まないで、立ててしまってください。

7 少し高すぎませんか

회화 워밍업

F 이미 점심밥은 먹었습니까?
M 네, 맛있어서 과식했어요.

1 ① A この本、読んだほうがいいですか。
　　　이 책은 읽는 편이 좋습니까?
　　B はい、お願いします。 네, 부탁합니다.
② A 明日、こちらからメールしたほうがいいですか。
　　　내일 저희 쪽에서 메일을 보내는 편이 좋습니까?
　　B はい、お願いします。 네, 부탁합니다.
③ A たこ焼きにはマヨネーズをかけたほうがいいですか。
　　　다코야키에는 마요네즈를 뿌리는 편이 좋습니까?

부록 | 165

B はい、お願いします。 네, 부탁합니다.

2 ① A この時間は、先生に電話しないほうが いいですか。 이 시간은 선생님에게 전화를 하지 않는 편이 좋습니까?

B そうですね。 그렇지요.

② A ここでは、写真を撮らないほうがいい ですか。 이곳에서는 사진을 찍지 않는 편이 좋습니까?

B そうですね。 그렇지요.

③ A プロジェクトが終わるまで、この書類 は捨てないほうがいいですか。 프로젝트가 끝날 때까지 이 서류는 버리지 않는 편이 좋습니까?

B そうですね。 그렇지요.

단어 마스터

A 昨日から体の調子が悪いんです。
B 風邪ですか。薬を飲んだほうがいいですよ。

A 昨日から体の調子が悪いんです。
B 風邪ですか。お風呂に入らないほうがいいですよ。

A 昨日から体の調子が悪いんです。
B 風邪ですか。病院に行ったほうがいいですよ。

A 昨日から体の調子が悪いんです。
B 風邪ですか。運動をしないほうがいいですよ。

A 昨日から体の調子が悪いんです。
B 風邪ですか。早く寝たほうがいいですよ。

A 昨日から体の調子が悪いんです。
B 風邪ですか。お酒を飲まないほうがいいですよ。

A 昨日から体の調子が悪いんです。
B 風邪ですか。マスクをしたほうがいいですよ。

A 昨日から体の調子が悪いんです。
B 風邪ですか。冷たいものを食べないほうがいいですよ。

말하기 & 읽기 마스터

이것은 너무 비싸네요. 저것을 사는 편이 좋겠어요.

① これは長すぎますね。少し切ったほうがいいですよ。
② これは大きすぎますね。あのかばんにしたほうがいいですよ。
③ これは重すぎますね。荷物を減らしたほうがいいですよ。

그다지 살이 찌지 않는 식사법
❶ 먹는 순서: 채소나 샐러드부터 먹는 편이 좋습니다.
❷ 칼로리가 높은 요리는 점심으로 먹고 저녁에는 그다지 먹지 않는 편이 좋습니다. 다만 너무 참아서 스트레스를 받는 것도 좋지 않으므로 주의합시다.
❸ 빨리 먹지 않는 편이 좋습니다. 자주 씹고 천천히 먹읍시다.
❹ 과자는 따뜻한 음료와 함께 먹는 편이 좋습니다. 그 편이 만족감을 얻을 수 있습니다. 과자도 밤에는 먹지 않는 편이 좋습니다.
❺ 자기 전에 배가 고플 때도 있습니다. 그럴 때는 과일이나 수프를 추천합니다.

---

① 野菜やサラダから食べたほうがいいです。
② 夜はカロリーが高い料理を食べないほうがいいです。

쓰기 마스터

1 ① A Bさん、食べ過ぎですよ。
B そうですか。じゃ、もう注文しないほうがいいですね。

② A うう… ちょっと飲みすぎました。
B 大丈夫ですか。そういう時は、トマトや果物のジュースを飲んだほうがいいそうです。はい、これ、どうぞ。

2 ① A 最近、とても太ったので、困っています。
　 B そうなんですか。それは大変ですね。
　　 (자유롭게)たほうがいいそうですよ。あ、それと、(자유롭게)ないほうがいいそうです。
② A 最近、夜に眠れないので、困っています。
　 B そうなんですか。それは大変ですね。
　　 (자유롭게)たほうがいいそうですよ。あ、それと、(자유롭게)ないほうがいいそうです。

8 セリに買いに行かせました

회화 워밍업

F 새 카페가 문을 여는 것 같아요.
M 그러네요. 기대되네요.

1 ① A あれ、田中さんは欠席ですか。
　　 어, 다나카 씨는 결석입니까?
　 B いいえ、今こちらに向かっています。どうやら、寝坊したらしいです。
　　 아니요, 지금 이쪽으로 오고 있습니다. 아무래도 늦잠을 잔 것 같습니다.
② A あれ、田中さんは欠席ですか。
　　 어, 다나카 씨는 결석입니까?
　 B いいえ、今こちらに向かっています。どうやら、道が混んでいるらしいです。
　　 아니요, 지금 이쪽으로 오고 있습니다. 아무래도 길이 막히는 것 같습니다.
③ A あれ、田中さんは欠席ですか。
　　 어, 다나카 씨는 결석입니까?
　 B いいえ、今こちらに向かっています。どうやら、電車が遅れているらしいです。
　　 아니요, 지금 이쪽으로 오고 있습니다. 아무래도 전철이 늦는 것 같습니다.

2 ① A 部長、会議の資料は大丈夫ですか。
　　 부장님, 회의 자료는 괜찮습니까?
　 B 問題ありません。さっき、秘書にコピーさせました。
　　 문제 없습니다. 아까 비서에게 복사를 시켰습니다.
② A 部長、会議の資料は大丈夫ですか。
　　 부장님, 회의 자료는 괜찮습니까?
　 B 問題ありません。さっき、部下に直させました。
　　 문제 없습니다. 아까 부하에게 고치라고 시켰습니다.
③ A 部長、会議の資料は大丈夫ですか。
　　 부장님, 회의 자료는 괜찮습니까?
　 B 問題ありません。さっき、部下に郵便で取引先に送らせました。
　　 문제 없습니다. 아까 부하에게 우편으로 거래처에 보내라고 시켰습니다.

단어 마스터

A このロボットは何でもできますよ。
B じゃ、代わりに部屋を片付けさせましょう。
A このロボットは何でもできますよ。
B じゃ、代わりに駅まで送らせましょう。
A このロボットは何でもできますよ。
B じゃ、代わりに料理を作らせましょう。
A このロボットは何でもできますよ。
B じゃ、代わりにレポートを書かせましょう。
A このロボットは何でもできますよ。
B じゃ、代わりにお風呂の掃除をさせましょう。
A このロボットは何でもできますよ。
B じゃ、代わりにお茶を入れさせましょう。
A このロボットは何でもできますよ。
B じゃ、代わりに子どもと遊ばせましょう。
A このロボットは何でもできますよ。
B じゃ、代わりに会社に行かせましょう。

말하기 & 읽기 마스터

A 어, 동아리방이 깨끗하네요.
B 후배에게 청소를 시켰대요.

① A あれ、棚がきれいですね。
B 後輩に書類を片付けさせたそうですよ。
② A あれ、冷蔵庫に料理がありますね。
B 後輩に料理を作らせたそうですよ。
③ A あれ、車がありませんね。
B 後輩に駅まで送らせたそうですよ。

박　어라, 아무도 없군요. 모두 어딘가 나갔나 봐요.
다나카　박 씨는 다른 사람들이 어디에 갔는지 아나요?
박　아, 그러고 보니 오늘은 야마다 선배가 오는군요. 그래서 마실 거리를 사러 갔을지도 몰라요.
다나카　그런가요? 그러면 우리는 청소를 할까요?
박　동아리방은 어제 후배에게 청소를 시켰기 때문에 괜찮아요.
다나카　그렇군요. 선배가 대학에 몇 시에 도착할지 압니까?
박　오후 2시에 온다고 합니다. 이미 후배에게 마중을 가게 했어요.
다나카　그런가요? 그러면 우리는 여기서 차를 끓이며 기다립시다.

---

① いいえ、だれもいませんでした。
みんな、どこかに出かけたようです。
② 昨日、後輩に片付けさせました。

쓰기 마스터

① A 田中さんは風邪をひいたようですね。
B あ、あれ、風邪ではなくて、花粉症らしいですよ。

② A 山田さんは今日、日本留学のテストを受けたらしいですよ。
B そうなんですか。あ、あれ、山田さんですね。テストは難しかったようですね。

① A 今日の飲み会、田中さんも来るでしょうか。
B 分かりません。後輩に連絡させて確認しますね。
② A 山田さんはもう会場に着いたでしょうか。
B もう着いたそうですよ。会場まで後輩に送らせました。
③ A あれ、会議室にもうお茶がありますね。Bさん、だれがお茶を入れたでしょうか。
B 後輩ですよ。さっき後輩にお茶を入れさせましたから。

9 犬に手をかまれたんです

회화 워밍업

M 지갑을 잃어버렸습니다.
F 그렇습니까? 파출소에는 갔습니까?

1 ① A さっき、先生に怒られました。
　　아까 선생님한테 야단을 맞았습니다.
B 大丈夫ですか。 괜찮습니까?
② A さっき、犬に追いかけられました。
　　아까 개에게 쫓겼습니다.
B 大丈夫ですか。 괜찮습니까?
③ A さっき、上司に大変な仕事を頼まれました。 아까 상사에게 힘든 일을 부탁 받았습니다.
B 大丈夫ですか。 괜찮습니까?

2 ① A 昨日、パソコンを盗まれました。
　　어제 컴퓨터를 도둑 맞았습니다.
B それは大変でしたね。 그건 큰일이었군요.

② A 昨日、電車の中で足を踏まれました。
　　어제 전철 안에서 발을 밟혔습니다.
　B それは大変でしたね。 그건 큰일이었군요.
③ A 昨日、会社から帰る時、大雨に降られました。
　　어제 회사에서 돌아올 때 폭우를 맞았습니다.
　B それは大変でしたね。 그건 큰일이었군요.

단어 마스터

A 自転車を盗まれたんです。
B そうですか。大変ですね。

A 父に叱られたんです。
B そうですか。大変ですね。

A コーヒーをこぼされたんです。
B そうですか。大変ですね。

A 親友に裏切られたんです。
B そうですか。大変ですね。

A パソコンを壊されたんです。
B そうですか。大変ですね。

A ペットに死なれたんです。
B そうですか。大変ですね。

A 電車で足を踏まれたんです。
B そうですか。大変ですね。

A 一晩中、赤ちゃんに泣かれたんです。
B そうですか。大変ですね。

말하기 & 읽기 마스터

레스토랑에서 옆사람이 (제게) 와인을 쏟았습니다.

① 道で、犬に追いかけられました。
② カフェで、だれかに携帯電話を盗まれました。
③ 電車で、赤ちゃんに泣かれました。

지난 주 토요일 저는 일일 아르바이트를 했는데 점장이 큰일을 맡기는 바람에 무척 바빴습니다. 그래서 집에 돌아가는 버스 안에서 잠이 들고 말았는데 그때 지갑을 도둑 맞았습니다. 버스에서 내린 후 가방을 확인했을 때 지갑은 없었습니다. 도둑 맞은 것을 알아차렸을 때 마침 외국인이 길을 물어 왔습니다. 하지만 저는 무척 초조했기 때문에 틀린 길을 가르쳐주고 말았습니다. 그 후 버스 회사에 전화해서 확인했지만 제 지갑은 도착하지 않았다고 합니다. 무척 슬픕니다.

① アルバイト先の店長に大きな仕事を任されたので、とても忙しかったです。
② 焦っていたので間違った道を教えてしまいました。

쓰기 마스터

① 隣の人「ごめんなさい。足を踏んでしまいました。」
　私「隣の人に足を踏まれました。」
② 後輩「ごめんなさい。ケーキを全部食べてしまいました。」
　私「後輩にケーキを全部食べられました。」
③ 友だち「ごめんなさい。日記を読んでしまいました。」
　私「友だちに日記を読まれました。」

10 雨が降ったら、カフェに行きましょう

회화 워밍업

F 요즘은 밤이 되면 추워요.
M 네, 건강 조심하세요.

1 ① A もし100万円あったら、どうしますか。
    만약 100만엔 있으면 어떻게 할 겁니까?
   B うーん、難しい質問ですね。
    음, 어려운 질문이네요.
  ② A もし透明人間になったら、どうしますか。 만약 투명인간이 되면 어떻게 할 겁니까?
   B うーん、難しい質問ですね。
    음, 어려운 질문이네요.
  ③ A もし過去に戻れたら、どうしますか。
    만약 과거로 돌아갈 수 있으면 어떻게 할 겁니까?
   B うーん、難しい質問ですね。
    음, 어려운 질문이네요.

2 ① A お土産を買うなら、どこがいいですか。
    선물을 산다면 어디가 좋습니까?
   B それなら、空港の売店がいいですよ。
    그거라면 공항 매점이 좋습니다.
  ② A パソコンを修理するなら、どこがいいですか。 컴퓨터를 수리한다면 어디가 좋습니까?
   B それなら、秋葉原がいいですよ。
    그거라면 아키하바라가 좋습니다.
  ③ A おいしいコーヒーを飲むなら、どこがいいですか。
    맛있는 커피를 마시려면 어디가 좋습니까?
   B それなら、大学の向かいのカフェがいいですよ。 그거라면 대학 맞은편 카페가 좋습니다.

단어 마스터

A もし宝くじに当ったら、どうしますか。
B そうですね、悩みますね。
A もし透明人間になったら、どうしますか。
B そうですね、悩みますね。
A もし政治家になったら、どうしますか。
B そうですね、悩みますね。
A もし背中につばさが生えたら、どうしますか。
B そうですね、悩みますね。

A もし2人から告白されたら、どうしますか。
B そうですね、悩みますね。
A もし明日世界が終わったら、どうしますか。
B そうですね、悩みますね。
A もし10年前に戻れたら、どうしますか。
B そうですね、悩みますね。
A もし1日が50時間あったら、どうしますか。
B そうですね、悩みますね。

말하기 & 읽기 마스터

택시로 가면 쉬워요. 버스로 가면 시간이 걸리지요.

① カードで払えば、簡単ですよ。現金にしたら、時間がかかりますよ。
② パソコンを使えば、簡単ですよ。ノートに全部書いたら、時間がかかりますよ。
③ 事務の人にお願いすれば、簡単ですよ。自分でやったら、時間がかかりますよ。

도쿄를 관광한다면 도쿄 스카이트리를 추천합니다. 도쿄에서 가장 높은 타워이기 때문입니다. 스카이트리는 인기 명소이기 때문에 한 시간 이상 기다려야 하는 경우도 있습니다. 하지만 여행중인 외국인이라면 여권을 제시하고 3000엔짜리 티켓을 사면 바로 전망 데크에 갈 수 있습니다. 저렴하게 관광하고 싶다면 도쿄도청을 추천합니다. 도쿄도청 전망실은 무료입니다. 게다가 날씨가 좋으면 후지산이 보입니다. 특히 12월~2월에 가면 후지산을 볼 수 있는 경우가 많다고 합니다.

① パスポートを提示して3000円のチケットを買えば、すぐに展望デッキに行くことができます。
② 安く観光したいなら、都庁の展望室がおすすめです。

쓰기 마스터

🟡
① もし1週間休みがあったら、(자유롭게)。
② もし過去に戻れたら、(자유롭게)。
③ もし有名になったら、(자유롭게)。

🟡
① A 勉強をするなら、図書館がおすすめですよ。
　 B でも、私は喉が渇くと、集中できないんです。

11 このお店にしようか

회화 워밍업

M 주말에 뭔가 일정 있어?
F 응, 친구랑 클래식 콘서트에 갈 예정이야.

1 ① A このカフェはどう？ 이 카페는 어때?
　　 B そうだなあ。コーヒーの値段がちょっと高いと思う。
　　 음, 커피 가격이 좀 비싼 것 같다고 생각해.
　 ② A このカフェはどう？ 이 카페는 어때?
　　 B そうだなあ。雰囲気が明るくて、いいと思う。 음, 분위기가 밝고 좋다고 생각해.
　 ③ A このカフェはどう？ 이 카페는 어때?
　　 B そうだなあ。人が多くて、あまりゆっくりできないと思う。 음, 사람이 많아서 그다지 느긋하게 있지 못할 것 같다고 생각해.

2 ① A ねえ、このハンバーグ、おいしそうだよ。 있잖아, 이 햄버그스테이크 맛있을 것 같아.
　　 B そうだね。じゃあ、これを注文しよう。
　　 그러네. 그러면 이걸 주문하자.
　 ② A ねえ、このホテル、雰囲気がよさそうだよ。 있잖아, 이 호텔 분위기가 좋을 것 같아.
　　 B そうだね。じゃあ、ここを予約しよう。
　　 그러네. 그러면 이곳을 예약하자.
　 ③ A ねえ、雨が降りそうだよ。
　　 있잖아, 비가 올 것 같아.
　　 B そうだね。じゃあ、傘を持って行こう。
　　 그러네. 그러면 우산을 가지고 가자.

단어 마스터

A 今年のクリスマス、何をするつもり？
B 家族とチキンを食べようと思っているんだ。

A 今年のクリスマス、何をするつもり？
B イルミネーションを見ようと思っているんだ。

A 今年のクリスマス、何をするつもり？
B 友だちとプレゼント交換をしようと思っているんだ。

A 今年のクリスマス、何をするつもり？
B 一日中、ケーキ屋で働こうと思っているんだ。

A 今年のクリスマス、何をするつもり？
B 恋人に結婚を申し込もうと思っているんだ。

A 今年のクリスマス、何をするつもり？
B ボランティアで老人ホームに行こうと思っているんだ。

A 今年のクリスマス、何をするつもり？
B 一人でお酒を飲もうと思っているんだ。

A 今年のクリスマス、何をするつもり？
B 教会で歌を歌おうと思っているんだ。

말하기 & 읽기 마스터

오사카에 가면 본고장 다코야키를 먹으려고 해.

① 大学を卒業したら、日本の会社で働こうと思っているんだ。

② 明日の試験が終わったら、友だちとお酒を飲もうと思っているんだ。
③ 彼女ができたら、ここで一緒にイルミネーションを見ようと思っているんだ。

박	다나카는 지금 뭔가 동물 키워?
다나카	우리 집에서는 퍼그를 키우고 있어. 봐봐, 이 사진. 이름은 모카라고 해. 보기엔 좀 무서워 보이지만 성격은 무척 얌전해.
박	아, 그 사진. 졸린 듯한 얼굴이네. 귀엽다.
다나카	모카는 잘 때 코고는 소리가 좀 시끄럽지만 글쎄, 그것도 귀여워.
박	나는 예전에 집에서 고양이를 키웠어. 그래서 이번에는 강아지를 키워 보려고 생각 중이야.
다나카	그러면 퍼그가 괜찮지 않아? 많이 짖지도 않고, 추천해!

① 見た目は恐そうですが、性格はとてもおとなしいです。
② 昔、猫を飼っていたので、今度は犬を飼ってみようと思っています。

쓰기 마스터

①　あのかばんは重いそうです。
　　あのかばんは重そうです。
②　料理が苦手だそうです。
　　料理が苦手そうです。
③　明日は雨になるそうです。
　　明日は雨になりそうです。

田中　明日、時間ある？一緒に映画見に行かない？
朴　ごめん、明日はアルバイトがあるんだ。あさってはどう？
田中　午後なら大丈夫だよ。映画の前にお昼も一緒に食べよう。

朴　いいね。田中君は、駅前のレストランに行ったことある？
田中　うん、あるよ。先週、木村君と一緒に行ったけど、おいしかったよ。

12 年越しそばを召し上がりますか

회화 워밍업

M　선생님은 자주 술을 드시나요?
F　네, 매우 좋아해요.

1 ① A 課長、契約書はお受け取りになりましたか。 과장님, 계약서는 받으셨나요?
　　B はい、問題ありません。 네, 문제 없어요.
② A 課長、この資料はご覧になりましたか。 과장님 이 자료는 보셨나요?
　　B はい、問題ありません。 네, 문제 없어요.
③ A 課長、午後の会議の準備はなさいましたか。 과장님, 오후 회의 준비는 하셨나요?
　　B はい、問題ありません。 네, 문제 없어요.

2 ① A カバンをお持ちしましょうか。 가방을 들까요?
　　B あ、いいえ、大丈夫です。 아, 아니요. 괜찮습니다.
② A お宅にお伺いしましょうか。 댁에 방문할까요?
　　B あ、いいえ、大丈夫です。 아, 아니요. 괜찮습니다.
③ A この資料が必要でしたら、差しあげましょうか。 이 자료가 필요하시면 드릴까요?
　　B あ、いいえ、大丈夫です。 아, 아니요. 괜찮습니다.

단어 마스터

A 先生、私が写真をお撮りします。
B あ、ありがとう。

A 先生、私がセミナー室をご予約します。
B あ、ありがとう。

A 先生、私が資料をお届けします。
B あ、ありがとう。

A 先生、私が会場までご案内します。
B あ、ありがとう。

A 先生、私が荷物をお持ちします。
B あ、ありがとう。

A 先生、私がこの件についてご説明します。
B あ、ありがとう。

A 先生、私が見積書をメールでお送りします。
B あ、ありがとう。

A 先生、私が今日中にお電話します。
B あ、ありがとう。

말하기 & 읽기 마스터

> 선생님, 회장으로 이동하십니까?
> 그러면 제가 회장까지 안내해 드리겠습니다.

① 先生、資料を確認されますか(確認なさいますか)。では、私がすぐにお届けします。
② 先生、明日セミナー室をお使いになりますか(使われますか)。では、私がご予約します。
③ 先生、来週の食事会に行かれますか(いらっしゃいますか)。では、私が場所をメールでお送りします。

> 다카하시 선생님 미안하지만 스즈키 선생님에게 이 책을 전하고 싶은데.
> 박 알겠습니다. 바로 스즈키 선생님 연구실에 가겠습니다. 아, 그 전에 이 서류를 좀 봐주실 수 있으세요? 나카무라 선생님이 쓰신 서류인데요.
> 다카하시 선생님 응, 확인에 좀 시간이 걸릴 것 같은데.
> 박 그러면 나중에 선생님 연구실에 서류를 받으러 찾아뵙겠습니다. 확인 후에는 서류를 이 봉투에 넣어 주세요. 선생님은 몇 시 정도에 연구실에 계십니까?
> 다카하시 선생님 오후 3시라면 연구실에 있을 거라고 생각해.

① A　　② D
③ B　　④ A

쓰기 마스터

◯
田中 先生はいつも、大学まで何でいらっしゃいますか。
先生 いつもは車で来ます。でも今日は夕方に食事会があるので、電車で来ました。
田中 それなら、安心してお酒を召し上がる(お飲みになる)ことができますね。会場のお店の場所はご存知ですか。あ、先生がお撮りになったその写真では、お店までの行き方が分かりにくそうですね。私がお店までご案内しましょうか。授業の後に先生の研究室に伺います。

◯
① 私がお読み(いた)します。
  拡大コピーいたします。
② 書き方をお教え(いた)します。
③ 私がご案内(いた)します。
④ エアコンをおつけ(いた)します。
  冷たい飲み物をお持ち(いた)します。
⑤ すぐに、お調べ(いた)します。

문법 찾아보기

본문에 나오는 문법을 JLPT(일본어능력시험) 급수와 함께 あいうえお 순으로 정리하였습니다.

あ

| ~後 [N4] | ~(한) 후 | 2과 |
| ~える [N4] | ~(할) 수 있다(동사의 가능형) | 5과 |

か

~ができる [N4]	~을/를 할 수 있다	5과
~かもしれない [N4]	~(일/할)지도 모른다	3과
~くなる [N4]	~(해)지다	1과
謙譲表現 [N4]	겸양 표현	12과
~ことができる [N4]	~(할) 수 있다	5과

さ

~(さ)せる [N4]	~시키다(동사의 사역형)	8과
~し、 [N4]	~(하)고	1과
~すぎる [N4]	너무/지나치게 ~(하)다	7과
~そうだ [N4]	~(라)고 한다	5과
~そうだ [N4]	~(할) 것 같다	11과
尊敬表現 [N4]	존경 표현	12과

た

~だけではなく(て) [N4]	~뿐만 아니라	4과
~たほうがいい [N4]	~(하)는 편이 좋다	7과
~たら [N4]	~(하)면, ~(했)더니	10과
~つもり [N4]	~(할) 생각, ~(할) 예정	2과
~ている [N4]	~해져 있다	3과
~てしまう [N4]	~(해) 버리다	9과
~でしょう [N4]	~(하)지요?	1과
~と [N4]	~(하)면, ~(하)니까	10과
~と思う [N4]	~(이)라고 생각한다	11과
動詞＋名詞 [N4]	동사의 명사수식형	2과

な

~ない [N5]	~(하)지 않는다(동사의 부정형)	6과
~ないでください [N4]	~(하)지 말아 주세요, ~(하)지 마세요	6과
~ないほうがいい [N4]	~(하)지 않는 편이 좋다	7과
~なくてはいけない [N4]	~(하)지 않으면 안 된다, ~(해)야 한다	6과
~なくてもいい [N4]	~(하)지 않아도 된다	6과
~なら [N4]	~(하)면, ~(한)다면	10과
~にする [N4]	~(하)기로 하다	7과
~になる [N4]	~(해)지다	1과
~の [N4]	형식 명사	3과
~のだ(のです) [N4]	사정 설명	4과

は

~ば [N4]	~(하)면	10과
~は~ほど~くない(ではない) [N4]	~은/는 ~만큼 ~(하)지 않다	1과
普通体 [N4]	보통체	11과

ま

| 〜前(まえ)に [N4] | 〜(하)기 전에 | 2과 |
| 〜ましょうか [N5] | 〜(할)까요? | 4과 |

や

〜よう [N4]	〜(해)야지(의지형), 〜(하)자(청유형)	11과
〜ようだ [N4]	〜인(한) 것 같다	8과
〜予定(よてい) [N4]	〜(할) 생각, 〜(할) 예정	2과
〜より〜のほうが〜い(だ) [N4]	〜보다 〜이/가 〜(하)다	1과

ら

〜らしい [N4]	〜인(한) 것 같다	8과
〜(ら)れる [N4]	〜(할) 수 있다(동사의 가능형)	5과
〜(ら)れる [N4]	〜(해)지다(동사의 수동형)	9과

ん

| 〜んだ(んです) [N4] | 사정 설명 | 4과 |

단어 찾아보기

본문에 나오는 신출 단어를 あいうえお 순으로 정리하였습니다.

あ

愛する	사랑하다	9과
合う	맞다, 적절하다	8과
赤ちゃん	아기	8과
秋葉原	아키하바라(지명)	10과
あきらめる	포기하다, 단념하다	6과
アクセサリー	액세서리	4과
明ける	개다	1과
朝寝坊	늦잠	4과
汗	땀	3과
焦る	초조하다, 안달하다	9과
遊ぶ	놀다	2과
暖かい	따뜻하다	7과
当る	당첨되다	10과
あったら	있으면	10과
集める	모으다	6과
あと	앞으로	8과
後片付け	뒤처리, 설거지	6과
アニメ	애니메이션	4과
アピールポイント	매력 포인트	5과
浴びる	(물을) 뒤집어 쓰다	3과
怪しい	수상하다, 예사롭지 않다	3과
洗う	씻다	2과
アルコール度数	알코올 도수	1과
合わせる	맞추다	6과
アンケート	앙케트, 설문 조사	12과
安心する	안심하다	12과
以外	이외	6과
意見	의견	3과
以降	이후	8과
衣装	의상	6과
痛い	아프다	3과
イタリア	이탈리아	2과
一応	일단	3과
1級	1급	11과
いつごろ	언제쯤	8과
移動	이동	4과
犬	개	1과
いびき	코 고는 소리	11과
妹	여동생	2과
嫌だ	싫다	3과
いよいよ	드디어, 이윽고	2과
イルミネーション	일루미네이션	11과
いるんです	있는데요(설명)	4과
伺う	여쭤다, 찾아뵙다	12과
受ける	받다, (시험을) 보다	1과
裏切る	배신하다	9과
売る	팔다	4과
絵	그림	4과
えさ	먹이	6과
選ぶ	고르다, 선택하다	3과
得る	얻다	7과
エレベーター	엘리베이터	4과
お～	존경, 미화의 접미어	7과
追いかけられる	쫓기다	9과
お伺いする	여쭈다, 찾아뵙다	12과
お受け取りになる	받으시다	12과
応募	응모	6과
大雨	큰비, 폭우	9과
お送りする	보내다(겸양어)	12과
オープン	오픈	8과
お菓子	과자	7과
おかゆ	죽	11과
お配りする	나누어 드리다	12과
送る	보내다, 데려다 주다	4과
送らせる	보내게 하다	8과
お子様	자녀분	12과

176

怒られる	혼이 나다, 야단을 맞다	9과
おごる	대접하다	4과
教える	가르치다	2과
おしゃれだ	멋지다, 세련되다	11과
お尻	엉덩이	3과
お過ごしになる	지내시다	12과
お宅	댁	12과
おつまみ	안주	8과
落とす	떨어뜨리다	9과
おとなしい	얌전하다	1과
お腹	배	7과
お肉料理	고기 요리	8과
お飲みになる	드시다	12과
お風呂に入る	목욕을 하다	7과
覚える	외우다, 기억하다	3과
重い	무겁다	4과
お持ちする	들다(겸양어)	12과
おろす	생선의 배를 가르다, 살을 발라내다	5과
温泉	온천	1과

か

~か	~(한)지	8과
かい	보람	2과
外国人	외국인	9과
解消	해소	8과
解消法	해소법	3과
会長	회장, 회장님	12과
会話	회화	4과
買うなら	산다면	10과
顔色	얼굴빛, 안색	5과
学園祭	학교 축제	4과
学者	학자	3과
確認する	확인하다	9과
かける	걸다	6과
かける	뿌리다	7과
過去	과거	10과
飾りつけ	장식	8과
カスタネット	캐스터네츠	5과
風邪	감기	3과
~方	~님들, ~분들	12과
固い	딱딱하다	7과
片付ける	정리하다	8과
勝つ	이기다	6과
楽器	악기	5과
かっこいい	멋지다	7과
カップル	커플	1과
悲しい	슬프다	9과
必ず	반드시	6과
彼女	여자친구	2과
花粉症	꽃가루 알레르기	8과
我慢	참음	7과
雷	천둥	1과
かむ	씹다	7과
画面	화면	9과
かもしれない	~(일/할)지도 모른다	3과
通う	다니다	2과
ガラス	유리	9과
体の調子	몸 상태	7과
カロリー	칼로리	7과
渇く	마르다, 갈증 나다	10과
変わる	바뀌다, 변하다	1과
感謝	감사	12과
関東地区	간토 지구	8과
完ぺきだ	완벽하다	3과
記憶	기억	11과
機械	기계	6과
期間	기간	4과
聞く	질문하다	23과
基準	기준	6과

일본어	한국어	과
きずをつける	흠(상처)을 내다	9과
季節(きせつ)	계절	5과
ギター	기타	4과
気(き)づく	눈치를 채다, 알아차리다	9과
気(き)になる	신경이 쓰이다, 관심이 가다	7과
記入(きにゅう)	기입	6과
ギプス	깁스	4과
決(き)まる	정해지다	2과
気持(きも)ちが悪(わる)い	기분이 나쁘다, 몸이 좋지 않다	4과
急(きゅう)に	갑자기	9과
教会(きょうかい)	교회	11과
許可(きょか)	허가	6과
キロ	킬로그램, 킬로미터	11과
均一(きんいつ)だ	균일하다	5과
靴(くつ)	구두, 신발	6과
クッション	쿠션	3과
ぐっすり	푹	7과
～くなる	～(해)지다	1과
雲行(くもゆ)き	구름이 움직이는 모양	3과
暗(くら)い	어둡다	3과
クラシック	클래식	2과
クラシック・コンサート	클래식 콘서트	11과
クリスマス	크리스마스, 성탄절	11과
契約書(けいやくしょ)	계약서	12과
ケーキ屋(や)	케이크 가게	11과
ケース	케이스, 상자	6과
けがする	다치다	4과
劇(げき)	극, 연극	4과
景色(けしき)	경치	1과
結局(けっきょく)	결국	2과
結婚(けっこん)	결혼	11과
欠席(けっせき)	결석	8과
元気(げんき)を出(だ)す	기운을 내다, 힘내다	9과
現金(げんきん)	현금	10과
健康(けんこう)	건강	3과
恋人(こいびと)	애인, 연인	2과
コインロッカー	유료물품보관함	12과
後悔(こうかい)する	후회하다	2과
合格(ごうかく)	합격	2과
交換(こうかん)	교환	11과
交通(こうつう)	교통	1과
高熱(こうねつ)	고열	11과
交番(こうばん)	파출소	9과
紅葉(こうよう)	단풍	5과
告白(こくはく)	고백	10과
心(こころ)から	진심으로	12과
ご指導(しどう)	지도	12과
個人的(こじんてき)	개인적	2과
午前中(ごぜんちゅう)	오전 중	11과
ごちそうする	대접하다	9과
骨折(こっせつ)	골절	9과
～ことができる	～(할) 수 있다	5과
子(こ)ども用(よう)	아동용	12과
こぼす	쏟다	9과
困(こま)る	난처하다	3과
ごゆっくり	천천히	12과
来(こ)られる	올 수 있다	5과
ご覧(らん)になる	보시다	12과
これから	앞으로	6과
転(ころ)ぶ	구르다, 넘어지다	4과
恐(こわ)い	무섭다	11과
壊(こわ)す	고장내다	9과
今月(こんげつ)	이번 달	7과
コンテスト	콘테스트, 경연 대회	4과
今晩(こんばん)	오늘 밤	3과
今夜(こんや)	오늘 밤	11과

さ

일본어	한국어	과
サークルルーム	동아리방	8과
最悪(さいあく)だ	최악이다	9과

最高	최고	2과
最終日	마지막 날	2과
魚	생선	1과
咲く	피다	10과
差し上げる	드리다	12과
させる	시키다	8과
撮影	촬영	1과
さっき	아까	8과
皿	접시	6과
騒ぐ	소란을 피우다	6과
残業	잔업, 야근	3과
サンダル	샌들	2과
～し	～(하)고	1과
資格外活動許可	자격외활동허가	6과
叱る	혼내다	9과
しっかり	충분히, 확실히	3과
質問	질문	10과
しとしと	주룩주룩	8과
脂肪	지방	1과
しまう	넣다, 보관하다	6과
事務の人	사무 직원	9과
社交ダンス	사교 댄스	5과
自由会話	자유 회화	7과
集合	집합	3과
住所	주소	12과
シューズ	신발, 운동화	2과
修理するなら	수리한다면	10과
塾	학원	2과
主人公	주인공	4과
出席する	출석하다, 참석하다	2과
出張	출장	3과
順番	순서	7과
詳細	자세한 내용	12과
上司	상사	9과
上手になる	능숙해지다	1과
商品	상품	3과
初級	초급	5과
食後	식후	7과
食感	식감	5과
食器洗い機	식기세척기	6과
書類	서류	6과
資料	자료	8과
知る	알다	5과
しわにならない	주름이 생기지 않는다	6과
新学期	신학기	4과
申請	신청	6과
新鮮だ	신선하다	1과
心配だ	걱정이다	3과
深夜	심야	3과
親友	친구	9과
水泳	수영	5과
水分	수분	11과
数年間	몇 년 간	6과
スーパー	슈퍼	1과
～すぎる	너무/지나치게 ～(하)다	7과
すく	고프다, 비다	7과
すぐに	금방, 바로	6과
すごく	무진장, 무척	3과
過ごす	지내다	12과
すっかり	완전히	1과
ストレス	스트레스	3과
スピーチ	연설	4과
スピーチ大会	연설 대회	4과
スポーツ飲料	스포츠 음료	7과
スマホ	스마트폰	7과
座る	앉다	5과
政治家	정치가	10과
成績	성적	11과
成績証明書	성적증명서	5과
整理	정리	6과
背が高い	키가 크다	1과
絶対に	절대로	4과

背中	등	10과
ぜひ	꼭	4과
セミナー室	세미나실	12과
セリフ	대사	5과
全員	전원	6과
全世界	전세계	4과
全然	전혀	5과
洗濯機	세탁기	6과
～そうだ	～(라)고 하다	11과
早朝	이른 아침	3과
卒業	졸업	12과
それとも	그렇지 않으면, 아니면	7과

た

～た後	～(한) 후에	2과
ダイエット	다이어트	10과
体験	체험	4과
体重	체중	10과
大ヒット	크게 흥행함	4과
大変な目にあう	좋지 않은 일을 겪다, 큰일을 당하다	9과
宝くじ	복권	10과
たくさん	많이	1과
たこ焼き	다코야키	4과
確か	분명히, 아마	6과
助かる	도움이 되다	4과
たたく	두드리다, 때리다	5과
達成	달성	3과
立てる	세우다	6과
棚	서랍, 수납장	6과
頼まれる	부탁을 받다	9과
食べ過ぎる	과식하다, 너무 많이 먹다	7과
食べられる	먹을 수 있다	5과
～たほうがいい	～(하)는 편이 낫다	7과

たまに	이따금, 가끔	3과
たまる	쌓이다	3과
タワー	타워	10과
タンバリン	탬버린	5과
チーズ	치즈	4과
チキン	치킨	11과
チケット	티켓	10과
～中	～중(기간)	4과
注意	주의	7과
中間テスト	중간고사, 중간시험	6과
中国	중국	5과
チューター	튜터	6과
ちょうど	마침	5과
ついでに	～(하)는 김에	10과
通勤	통근	3과
通訳	통역	2과
疲れ	피로	3과
着く	도착하다	8과
作る	만들다	2과
～って	～(라)면서?	11과
つばさ	날개	10과
積む	쌓다	6과
冷たい	차갑다	7과
つもり	～(할) 생각, ～(할) 예정	1과
梅雨	장마	1과
梅雨入り	장마가 시작됨	8과
提示	제시	10과
テーマ	테마, 주제	7과
出かける	외출하다	8과
できる	가능하다, 할 수 있다	5과
できれば	가능하면	10과
～でしょう	～(하)지요	1과
手伝い	도와 줌, 거들어 줌	4과
手伝う	돕다	4과
徹夜	철야, 밤샘	5과
展示	전시	4과

店長	점장	9과
展望室	전망실	10과
展望デッキ	전망 데크	10과
トイレットペーパー	화장실 휴지	10과
～と(ど)おりに	～(하)는 대로	11과
どうして	왜	1과
動物園	동물원	1과
透明人間	투명 인간	10과
どうやら	아무래도	8과
～と思う	～(라)고 생각하다	11과
ところで	그건 그렇고, 그런데	8과
年越し	연말, 송구영신	12과
年越しそば	연말에 먹는 메밀국수	12과
都庁	도청	10과
どちら	어느 쪽	1과
届け出	신고서	6과
届ける	보내다, 전달하다	9과
土日	토요일과 일요일, 주말	3과
～とも	～다, ～모두	3과
ドラマ	드라마	1과
ドラム	드럼	5과
トランペット	트럼펫	5과
取引先	거래처	8과
摂る	섭취하다	11과
取る	따다, 취득하다	2과

な

～ないでください	～(하)지 마세요	6과
～ないほうがいい	～(하)지 않는 편이 낫다	7과
直させる	고치게 하다	8과
治る	낫다	4과
長引く	오래 끌다, 지연되다	3과
泣く	울다	9과
無くしてしまう	잃어버리다	9과

無くす	잃어버리다	6과
～なくてはいけません	～(하)지 않으면 안됩니다	6과
～なくてもいいですか	～(하)지 않아도 됩니까	6과
なさる	하시다	12과
なったら	되면	10과
生ごみ	음식물 쓰레기	6과
～なり	～나름	3과
鳴る	치다, 울리다	1과
なると	되면	10과
悩む	고민하다	6과
なんと	웬걸	9과
似合う	어울리다	3과
肉	고기	1과
～になる	～(해)지다	1과
日本語能力試験	일본어능력시험	1과
ニュース	뉴스	5과
人気スポット	인기 명소, 인기 스폿	10과
脱ぐ	벗다	6과
盗まれる	도둑을 맞다	9과
盗む	훔치다	9과
濡れる	젖다	3과
猫	고양이	1과
寝込む	드러눕다	3과
眠る	잠자다	5과
年賀状	연하장	12과
念のため	만일을 위해서	3과
残る	남다	6과
喉	목	10과
～のほうが	～쪽이	1과
飲むなら	마신다면	10과
のら猫	길고양이	6과
ノルマ	책임량	3과

は

歯	이	2과
ハーモニカ	하모니카	5과
バイオリン	바이올린	5과
売店	매점	10과
生える	생기다, 돋다	10과
パグ	퍼그	11과
運ぶ	옮기다	4과
場所	장소	3과
バス会社	버스 회사	9과
バタフライ	접영	5과
働く	일하다	11과
話し合う	서로 이야기를 나누다	7과
話すの	이야기하는 것	3과
花火大会	불꽃놀이	2과
ハンガー	옷걸이	6과
半年	반년	6과
ハンドベル	핸드벨	5과
ハンバーグ	햄버그스테이크	11과
弾く	치다, 연주하다	5과
低い	낮다	1과
美術館	미술관	2과
秘書	비서	8과
美人	미인	4과
一晩中	한밤중, 밤새	9과
人前	남의 앞, 대중 앞	3과
暇だ	한가하다	4과
封筒	봉투	12과
増える	늘다	10과
部下	부하	8과
深く	깊이	12과
吹く	불다	5과
無事	무사함, 무사히	12과
ふつう	보통	1과
二日酔い	숙취	7과
太る	살이 찌다	7과
不便だ	불편하다	4과
踏まれる	밟히다	9과
降られる	내리는 비를 맞다	9과
フランス語	프랑스어	5과
降り続く	계속 내리다	8과
振る	흔들다	5과
プロジェクト	프로젝트	7과
雰囲気	분위기	2과
平日	평일	1과
平生	평생	5과
別	다름	5과
別に	따로	7과
減らす	줄이다	7과
勉強会	스터디 모임	3과
ベンチ	벤치	5과
ポイント	포인트, 핵심	6과
報告書	보고서	3과
吠える	짖다	11과
ボート	보트	2과
ボールペン	볼펜	7과
募集	모집	3과
ほとんど	거의, 대부분	5과
～ほど	～만큼	1과
ほめる	칭찬하다	9과
ボランティア	봉사활동	11과
本場	본고장, 본산지	11과

ま

毎月	매달, 매월	3과
前もって	미리	6과
任す	맡기다	9과
～ましょうか	～(할)까요?	4과
マスク	마스크	7과

まだまだ	아직	1과
待ち合わせ	시간과 장소를 미리 정하고 만나기로 함	3과
待ち合わせる	시간과 장소를 미리 정하고 만나기로 하다	10과
間違う	틀리다	9과
真っ暗	새까맘	7과
まとめる	모으다, 정리하다	3과
迷う	헤매다	3과
マヨネーズ	마요네즈	7과
満員電車	만원열차	3과
満足感	만족감	7과
みがく	닦다	2과
湖	호수	2과
水着	수영복	2과
水不足	물부족	8과
見た目	겉보기	11과
道が込む	길이 막히다	3과
見つける	찾다, 발견하다	3과
見積書	견적서	12과
魅力	매력	5과
向かい	맞은편	10과
向かう	향하다, 오다	8과
迎える	마중하다	8과
無料	무료	10과
メール	메일, 휴대전화 문자	8과
召し上がる	드시다	12과
免許	면허	2과
メンバー	멤버, 구성원	3과
申し上げる	말씀드리다	12과
申し込み	신청	5과
模擬店	간이음식점	5과
もちろん	물론	2과
持つ	가지다	3과
戻れたら	돌아갈 수 있으면	10과
門限	정해진 귀가 시간(통금)	6과

や

焼きそば	야키소바	2과
焼く	굽다	7과
野菜	채소	1과
優しい	자상하다, 상냥하다	9과
休み	휴일, 휴가	3과
やせる	살이 빠지다	10과
屋台	포장마차	2과
山	산	1과
遊園地	유원지, 놀이동산	4과
夕方	저녁	3과
郵便	우편	8과
浴衣	일본식 여름 전통복	3과
雪祭り	눈 축제	5과
夢を見る	꿈을 꾸다	3과
用事	볼일, 용무	4과
~ようだ	~(인/한) 것 같다	8과
洋服	양복, 옷	6과
ヨーロッパ	유럽	2과
予算	예산	7과
呼ばれる	불리다	9과
読める	읽을 수 있다	5과
寄る	들르다	2과
夜ご飯	저녁밥, 저녁 식사	11과

ら

来年	내년	1과
楽だ	편하다	3과
ラケット	라켓	2과
らしい	~(인/한) 것 같다	8과
ラッピング	포장	7과
量	양	10과
りんごあめ	설탕을 녹여 바른 사과	2과

レシート	영수증	7과
レジャーシート	레저시트, 돗자리	3과
廊下（ろうか）	복도	6과
老人ホーム（ろうじん）	양로원	11과
ロボット	로봇	8과

わ

忘れないでください（わす）	잊지 마세요	6과
わりと	의외로, 비교적	4과
悪い（わる）	나쁘다	3과
割れる（わ）	깨지다	9과

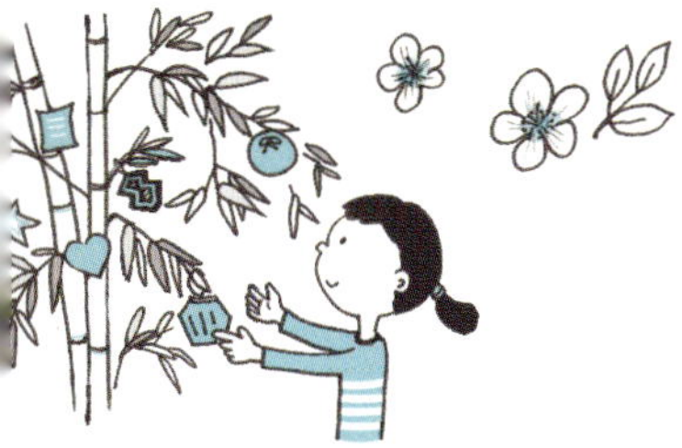

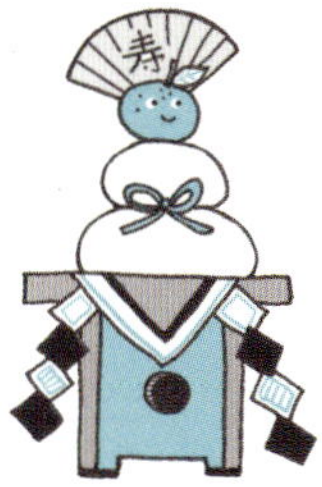

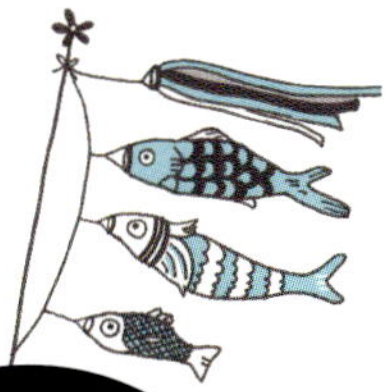

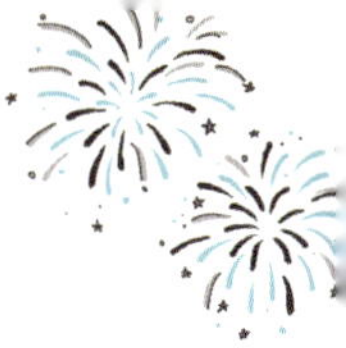

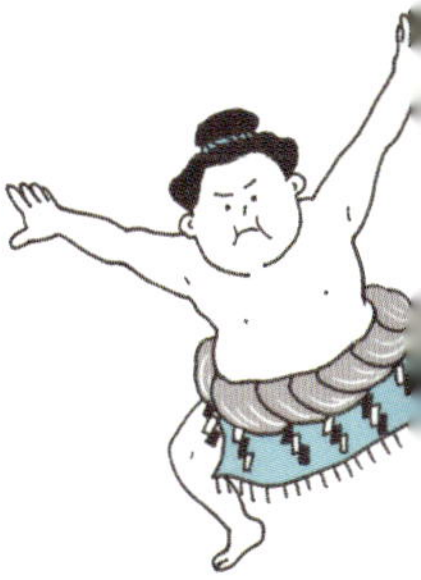

다락원 일본어 마스터

일본어 마스터를 위한 나침반

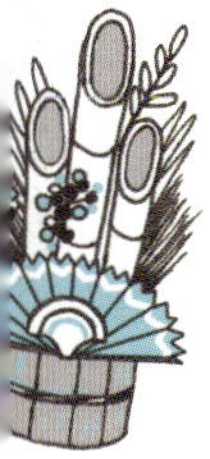

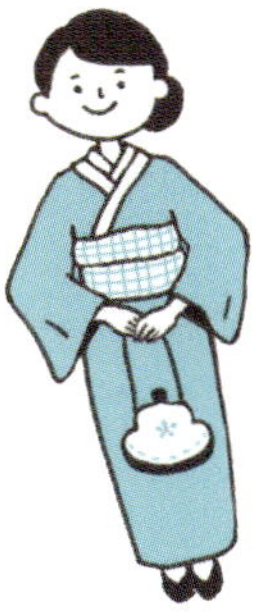

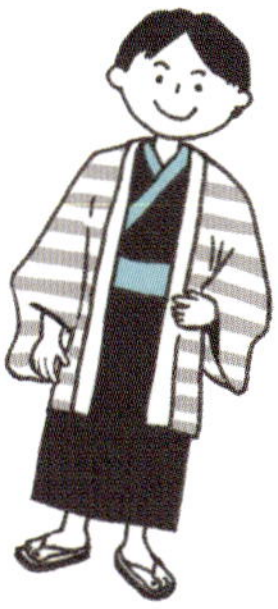

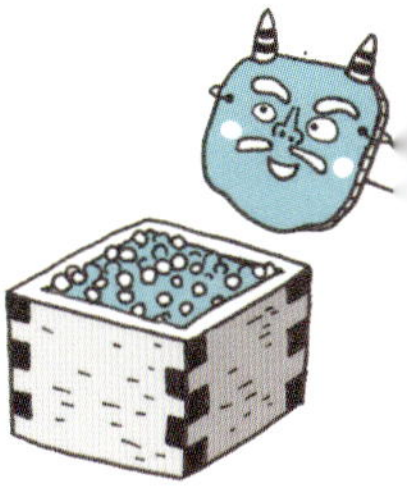

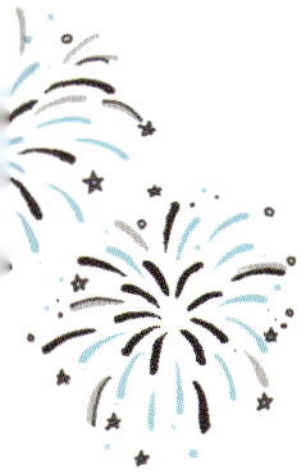

박민영, 최충희, 김유천, 사카구치 사야카, 세라쿠 토오루 공저

3

워크북

다락원 일본어 마스터 3

일본어 마스터를 위한 나침반

워크북

다락원

1 海(うみ)より山(やま)のほうが好(す)きです

1 다음 단어를 일본어로 써 봅시다.

① 천둥
→ _____

② 치다, 울리다
→ _____

③ 채소
→ _____

④ 개다
→ _____

⑤ 교통
→ _____

⑥ 온천
→ _____

⑦ 완전히
→ _____

⑧ 물고기
→ _____

2 다음 일본어 단어를 뜻을 생각하면서 히라가나로 써 봅시다.

① 脂肪
→ _____

② 梅雨
→ _____

③ 撮影
→ _____

④ 駅前
→ _____

⑤ 動物園
→ _____

⑥ 背
→ _____

⑦ 平日
→ _____

⑧ 変わる
→ _____

3 「～くなりました」를 넣어서 대화를 만들어 봅시다.

> A　もう冬ですね。(춥다)
> B　はい、寒くなりましたね。

① A　もう秋ですね。(시원하다)
　 B　はい_____ね。

② A　もう春ですね。(따뜻하다)
　 B　はい_____ね。

③ A　もう夜ですね。(어둡다)
　 B　はい、少し_____ね。

④ A　今日はセールですね。(싸다)
　 B　はい、とても_____ね。

4 비교 표현을 넣어서 대화를 만들어 봅시다.

> A　この財布はあの財布より安いです。(비싸지 않다)
> B　この財布はあの財布ほど高くありません。

① A　この本はあの本よりやさしいです。(어렵지 않다)
　 B　この本は_____。

② A　このホテルはあのホテルより古いです。(새롭지 않다)
　 B　このホテルは_____。

③ A　この選手はあの選手より下手です。(능숙하지 않다)
　 B　この選手は_____。

④ A　このカフェはあのカフェよりうるさいです。(조용하지 않다)
　 B　このカフェは_____。

2 花火大会に行くつもりです

1 다음 단어를 일본어로 써 봅시다.

① 애인, 연인
→

② 준비
→

③ 불꽃놀이
→

④ 유럽
→

⑤ 최고
→

⑥ 클래식
→

⑦ 합숙
→

⑧ 놀다
→

2 다음 일본어 단어를 뜻을 생각하면서 히라가나로 써 봅시다.

① 美術館
→ _____

② 最終日
→ _____

③ 水着
→ _____

④ 免許
→ _____

⑤ 雰囲気
→ _____

⑥ 歯
→ _____

⑦ 湖
→ _____

⑧ 合格
→ _____

3 「〜つもりです」를 넣어서 질문에 대답해 봅시다.

> **Q** 明日は何をしますか。(도서관에 가다)
> **A** 図書館に行くつもりです。

① **Q** 明日は何をしますか。(아침부터 공부하다)
   A _____ です。

② **Q** 明日は何をしますか。(친구와 영화를 보다)
   A _____ です。

③ **Q** 明日は何をしますか。(집에서 케이크를 만들다)
   A _____ です。

④ **Q** 明日は何をしますか。(백화점에서 옷을 사다)
   A _____ です。

4 「前に」와 「後に」 앞에 알맞은 동사를 넣어 봅시다.

> 寝る前に電話しますね。(자다)

① _____ 前に、電話しますね。(병원에 가다)

② _____ 前に、電話しますね。(집을 출발하다)

③ _____ 後に、電話しますね。(아르바이트가 끝나다)

④ _____ 後に、電話しますね。(숙제를 끝내다)

3 花火を見るのは好きです
はなび　み　す

1 다음 단어를 일본어로 써 봅시다.

① 잔업, 야근
→ _____

② 일본식 여름 전통옷
→ _____

③ 레저시트, 돗자리
→ _____

④ 걱정
→ _____

⑤ 쿠션
→ _____

⑥ 땀
→ _____

⑦ 아프다
→ _____

⑧ 짐
→ _____

2 다음 일본어 단어를 뜻을 생각하면서 히라가나로 써 봅시다.

① 疲れ
→ _____

② 今晩
→ _____

③ 風邪
→ _____

④ 寝込む
→ _____

⑤ 似合う
→ _____

⑥ 解消法
→ _____

⑦ 求人情報
→ _____

⑧ 健康
→ _____

3 「〜の」를 넣어서 문장을 완성해 봅시다.

> 私はカフェで勉強するのが好きです。(카페에서 공부하다)

① 私は＿＿＿＿＿＿＿＿＿＿が好きです。(노래방에서 노래하다)

② 私は＿＿＿＿＿＿＿＿＿＿が好きです。(해외 드라마를 보다)

③ 私は＿＿＿＿＿＿＿＿＿＿が好きです。(주말에 영화관에 가다)

④ 私は＿＿＿＿＿＿＿＿＿＿が好きです。(여기에서 점심을 먹다)

4 「〜かもしれません」을 넣어서 문장을 완성해 봅시다.

> 今夜、雪が降るかもしれません。(눈이 내리다)

① 来年、＿＿＿＿＿＿＿＿＿＿＿＿＿＿。(이사하다)

② 明日、＿＿＿＿＿＿＿＿＿＿＿＿＿＿。(야근이 있다)

③ 明日、＿＿＿＿＿＿＿＿＿＿＿＿＿＿。(학교가 쉬게 되다)

④ 今年の夏、＿＿＿＿＿＿＿＿＿＿＿＿。
(가족끼리 해외 여행을 가다)

4 サークルも忙(いそが)しいんです

1 다음 단어를 일본어로 써 봅시다.

① 학교 축제
→ _____

② 깁스
→ _____

③ 이동
→ _____

④ 치즈
→ _____

⑤ 기간
→ _____

⑥ 체험
→ _____

⑦ 숙제
→ _____

⑧ 신학기
→ _____

2 다음 일본어 단어를 뜻을 생각하면서 히라가나로 써 봅시다.

① 手伝い
→ _____

② 全世界
→ _____

③ 主人公
→ _____

④ 絶対
→ _____

⑤ 暇
→ _____

⑥ 朝寝坊
→ _____

⑦ 用事
→ _____

⑧ 遊園地
→ _____

3 「~ているんです」를 넣어서 질문에 대답해 봅시다.

> **A** 今忙しいですか。(회의 준비를 하다)
> **B** はい、会議の準備をしているんです。

① **A** 今忙しいですか。(편지를 쓰다)
　B はい、_____。

② **A** 今忙しいですか。(밥을 짓다)
　B はい、_____。

③ **A** 今忙しいですか。(시험 공부를 하다)
　B はい、_____。

④ **A** 今忙しいですか。(엄마의 볼일을 돕다)
　B はい、_____。

4 「~ましょうか」를 넣어서 질문을 만들어 봅시다.

> **A** ドアを開けましょうか。(문을 열다)
> **B** はい、お願いします。

① **A** _____。(창문을 닫다)
　B はい、お願いします。

② **A** _____。(가방을 들다)
　B はい、お願いします。

③ **A** _____。(에어컨을 켜다)
　B はい、お願いします。

④ **A** _____。(일을 조금 돕다)
　B はい、お願いします。

5 ギターを弾(ひ)くことができます

1 다음 단어를 일본어로 써 봅시다.

① 초급
→ _____

② 신청
→ _____

③ 잠자다
→ _____

④ 트럼펫
→ _____

⑤ 얼굴빛, 안색
→ _____

⑥ 계절
→ _____

⑦ 악기
→ _____

⑧ 앉다
→ _____

2 다음 일본어 단어를 뜻을 생각하면서 히라가나로 써 봅시다.

① 出張
→ _____

② 模擬店
→ _____

③ 魅力
→ _____

④ 成績
→ _____

⑤ 証明書
→ _____

⑥ 食感
→ _____

⑦ 全然
→ _____

⑧ 徹夜
→ _____

3 동사 가능형으로 질문을 만들어 봅시다.

> 英語（えいご）が話（はな）せますか。(영어로 말하다)

① _____ か。(케이크를 만들다)

② _____ か。(피아노를 치다)

③ _____ か。(이 단어를 한자로 쓰다)

④ _____ か。(술을 많이 마시다)

4 「～そうです」를 넣어서 문장을 만들어 봅시다.

> 山田（やまだ）さんは、昨日（きのう）、英語（えいご）の試験（しけん）を受（う）けたそうです。
> (영어 시험을 보다)

① 山田（やまだ）さんは、昨日（きのう）、_____ 。
(야키소바를 만들다)

② 山田（やまだ）さんは、昨日（きのう）、_____ 。
(수업에 지각하다)

③ 山田（やまだ）さんは、昨日（きのう）、_____ 。
(친구와 불꽃놀이를 보다)

④ 山田（やまだ）さんは、昨日（きのう）、_____ 。
(영화를 보러 가다)

6 この書類、なくさないでくださいね

1 다음 단어를 일본어로 써 봅시다.

① 기입
→ _____

② 활동
→ _____

③ 튜터
→ _____

④ 기계
→ _____

⑤ 시합
→ _____

⑥ 허가
→ _____

⑦ 분명히, 아마
→ _____

⑧ 서류
→ _____

2 다음 일본어 단어를 뜻을 생각하면서 히라가나로 써 봅시다.

① 靴
→ _____

② 脱ぐ
→ _____

③ 応募
→ _____

④ 申請
→ _____

⑤ 整理
→ _____

⑥ 棚
→ _____

⑦ 騒ぐ
→ _____

⑧ 洗濯機
→ _____

3 「～ないで」를 넣어서 문장을 만들어 봅시다.

> すみません、ここでは写真を撮らないでください。
>
> (사진을 찍다)

① すみません、ここでは＿＿＿＿＿＿＿＿＿＿＿＿＿ください。
(소란을 피우다)

② すみません、ここでは＿＿＿＿＿＿＿＿＿＿＿＿＿ください。
(담배를 피우다)

③ すみません、ここには＿＿＿＿＿＿＿＿＿＿＿＿＿ください。
(자동차를 세우다)

④ すみません、ここには＿＿＿＿＿＿＿＿＿＿＿＿＿ください。
(쓰레기를 버리다)

4 「～なくてはいけません」을 넣어서 문장을 만들어 봅시다.

> もうすぐ試験ですから、勉強しなくてはいけません。
>
> (공부하다)

① もうすぐ試合ですから、＿＿＿＿＿＿＿＿＿＿＿＿＿。
(많이 연습하다)

② 明日は授業がありますから、＿＿＿＿＿＿＿＿＿＿＿＿＿。
(대학에 가다)

③ 明日は早朝から会議ですから、＿＿＿＿＿＿＿＿＿＿＿＿＿。
(빨리 자다)

④ 風邪をひきましたから、＿＿＿＿＿＿＿＿＿＿＿＿＿。
(밥을 먹은 후에 약을 먹다)

7 少し高すぎませんか

1 다음 단어를 일본어로 써 봅시다.

① 따로
→ _____

② 순서
→ _____

③ 사용하다
→ _____

④ 가격
→ _____

⑤ 예산
→ _____

⑥ 식후
→ _____

⑦ 영수증
→ _____

⑧ 신경이 쓰이다
→ _____

2 다음 일본어 단어를 뜻을 생각하면서 히라가나로 써 봅시다.

① 焼く
→ _____

② 固い
→ _____

③ お腹
→ _____

④ 真っ暗
→ _____

⑤ 二日酔い
→ _____

⑥ 風呂
→ _____

⑦ 調子
→ _____

⑧ 我慢
→ _____

3 「~すぎる」와 동사 부정형으로 문장을 만들어 봅시다.

> 食べすぎて、動けません。(먹다, 움직일 수 있다)

① _____。(술을 마시다, 똑바로 걸을 수 있다)

② _____。(고기가 딱딱하다, 먹을 수 있다)

③ _____。(가격에 비싸다, 살 수 있다)

④ _____。
(노래방에서 노래하다, 소리를 내다)

4 「~ので」와 「~ないほうがいいです」을 넣어 문장을 만들어 봅시다.

> とても強いお酒なので、飲まないほうがいいですよ。
> (매우 강한 술이다, 마시다)

① _____。
(매우 슬픈 이야기다, 알다)

② _____。
(멋진 그림이다, 팔다)

③ _____。
(스트레스가 되다, 신경을 쓰다)

④ _____。
(오후에 짐이 오다, 외출하다)

8 セリに買いに行かせました

1 다음 단어를 일본어로 써 봅시다.

① 안주
→ _____

② 마중하다
→ _____

③ 우편
→ _____

④ 부하
→ _____

⑤ 해소
→ _____

⑥ 결석
→ _____

⑦ 청소
→ _____

⑧ 아무래도
→ _____

2 다음 일본어 단어를 뜻을 생각하면서 히라가나로 써 봅시다.

① 秘書
→ _____

② 取引先
→ _____

③ 飾り
→ _____

④ 梅雨入り
→ _____

⑤ 降り続く
→ _____

⑥ 水不足
→ _____

⑦ 片づける
→ _____

⑧ 花粉症
→ _____

3 동사 사역형을 넣어 문장을 만들어 봅시다.

> とても忙しかったので、妹に夕飯を作らせました。
> (저녁밥을 만들다)

① とても忙しかったので、妹に_____。
(방 청소를 하다)

② とても忙しかったので、妹に_____。
(가방을 가지러 가다)

③ とても忙しかったので、妹に_____。
(엄마를 역까지 배웅하다)

④ とても忙しかったので、妹に_____。
(은행에서 돈을 인출하다)

4 「～ようです」를 넣어 문장을 만들어 봅시다.

> どうやら留守のようですね。(집을 비우다)

① どうやら_____ね。(오늘 수업은 쉰다)

② どうやら_____ね。(케빈 씨는 한가롭다)

③ どうやら_____ね。(다나카 씨는 회의 중이다)

④ どうやら_____ね。(높은 곳이 서툴다)

9 犬に手をかまれたんです

1 다음 단어를 일본어로 써 봅시다.

① 자상하다, 상냥하다
→ _____

② 기다리다
→ _____

③ 힘들다
→ _____

④ 사무실
→ _____

⑤ 확인
→ _____

⑥ 칭찬하다
→ _____

⑦ 내리다
→ _____

⑧ 갑자기
→ _____

2 다음 일본어 단어를 뜻을 생각하면서 히라가나로 써 봅시다.

① 交番
→ _____

② 一晩中
→ _____

③ 怒る
→ _____

④ 踏む
→ _____

⑤ 濡れる
→ _____

⑥ 裏切る
→ _____

⑦ 任す
→ _____

⑧ 焦る
→ _____

3 동사 수동형을 넣어 문장을 만들어 봅시다.

> A 元気がないですね。
> B 実は、母に大事な書類を捨てられたんです。
>
> (엄마, 소중한 서류를 버리다)

① A 元気がないですね。
　B 実は、＿＿＿＿＿＿＿＿＿＿＿＿＿＿んです。（애완동물, 죽다）

② A 元気がないですね。
　B 実は、＿＿＿＿＿＿＿＿＿＿＿＿＿＿＿＿＿んです。
　　　　　　　　　　　　　　　　　　　　　　　（남편, 결혼 반지를 잃어버리다）

③ A 元気がないですね。
　B 実は、＿＿＿＿＿＿＿＿＿＿＿＿んです。（친구, 내 생일을 잊다）

④ A 元気がないですね。
　B 実は、＿＿＿＿＿＿＿＿＿＿＿＿＿＿＿＿＿んです。
　　　　　　　　　　　　　　　　　　　　　　　（아빠, 성적이 나빠서 혼내다）

4 「～てしまいました」를 넣어 문장을 만들어 봅시다.

> 手紙の内容を話してしまいました。（편지 내용을 이야기하다）

① ＿＿＿＿＿＿＿＿＿＿＿＿＿＿＿＿＿＿＿。（다른 버스에 탄다）

② ＿＿＿＿＿＿＿＿＿＿＿＿＿＿＿＿＿。（테스트 날에 늦잠을 자다）

③ ＿＿＿＿＿＿＿＿＿＿＿＿＿＿。（약속 두 시간 전에 도착하다）

④ ＿＿＿＿＿＿＿＿＿＿＿＿＿。（수업 없는 날에 학교에 오다）

10 雨が降ったら、カフェに行きましょう

1 다음 단어를 일본어로 써 봅시다.

① 산책
→ _____

② 공원
→ _____

③ 단풍
→ _____

④ 복권
→ _____

⑤ 가능하면
→ _____

⑥ 무료
→ _____

⑦ 현금
→ _____

⑧ 과거
→ _____

2 다음 일본어 단어를 뜻을 생각하면서 히라가나로 써 봅시다.

① 透明
→

② 売店
→

③ 展望室
→

④ 生える
→

⑤ 当る
→

⑥ 咲く
→

⑦ 体重
→

⑧ 人気
→

3 「〜ば」를 넣어 질문에 대답해 봅시다.

> **A** どうしたらいいでしょうか。(여기에 전화하다)
> **B** ここに電話すれば、いいですよ。

① **A** どうしたらいいでしょうか。(편지를 쓰다)
　 B ＿＿＿＿＿＿＿＿＿＿＿＿＿＿＿＿＿＿＿、いいですよ。

② **A** どうしたらいいでしょうか。(다음 시험에서 열심히 하다)
　 B ＿＿＿＿＿＿＿＿＿＿＿＿＿＿＿＿＿＿＿、いいですよ。

③ **A** どうしたらいいでしょうか。(진심을 이야기하다)
　 B ＿＿＿＿＿＿＿＿＿＿＿＿＿＿＿＿＿＿＿、いいですよ。

④ **A** どうしたらいいでしょうか。(내일 또 여기에 오다)
　 B ＿＿＿＿＿＿＿＿＿＿＿＿＿＿＿＿＿＿＿、いいですよ。

4 「〜なら」를 넣어 질문을 만들어 봅시다.

> **A** 韓国で紅葉を見るなら、どこがいいでしょうか。
> 　　　　　　　　　　　　　　　　(한국에서 단풍을 보다)
> **B** うーん、難しい質問ですね。

① **A** ＿＿＿＿＿＿＿＿、どこがいいでしょうか。(애인과 처음 데이트를 하다)
　 B うーん、難しい質問ですね。

② **A** ＿＿＿＿＿＿＿＿、どこがいいでしょうか。(외국인 친구를 데리고 가다)
　 B うーん、難しい質問ですね。

③ **A** ＿＿＿＿＿＿＿＿、どこがいいでしょうか。(맛있는 한국 요리를 먹다)
　 B うーん、難しい質問ですね。

④ **A** ＿＿＿＿＿＿＿＿、どこがいいでしょうか。(싸고 세련된 구두를 사다)
　 B うーん、難しい質問ですね。

11 このお店にしようか

1 다음 단어를 일본어로 써 봅시다.

① 도서관
→ _____

② 영화관
→ _____

③ 분위기
→ _____

④ 봉사활동
→ _____

⑤ 저녁밥, 저녁 식사
→ _____

⑥ 죽
→ _____

⑦ 성적
→ _____

⑧ 교환
→ _____

2 다음 일본어 단어를 뜻을 생각하면서 히라가나로 써 봅시다.

① 摂る
→ _____

② 吠える
→ _____

③ 記憶
→ _____

④ 老人
→ _____

⑤ 飼う
→ _____

⑥ 働く
→ _____

⑦ 恐い
→ _____

⑧ 高熱
→ _____

3 「동사 의지형 + と思っている」를 넣어서 대답해 봅시다.

> A 明日は何をするつもり？(미술관에 가다)
> B 美術館に行こうと思っているんだ。

① A 明日は何をするつもり？(축구 시합을 보다)
　B _____ 。

② A 明日は何をするつもり？(고등학생 때 친구를 만나다)
　B _____ 。

③ A 明日は何をするつもり？(봉사활동에서 마을을 청소하다)
　B _____ 。

④ A 明日は何をするつもり？(애인과 멋진 바에서 술을 마시다)
　B _____ 。

4 양태의 「~そうだ」를 넣어서 문장을 만들어 봅시다.

> このケーキ、おいしそうだね。(이 케이크, 맛있다)

① _____ だね。(리포트, 힘들다)

② _____ だね。(전철로 가는 편이 좋다)

③ _____ だね。
　(야마다 씨라면 금방 틀린 것을 알아채다)

④ _____ だね。
　(장래에 훌륭한 정치가가 되다)

12 年越しそばを召し上がりますか

1 다음 단어를 일본어로 써 봅시다.

① 여쭈다, 찾아뵙다
→ _____

② 지내다
→ _____

③ 최후, 마지막
→ _____

④ 졸업
→ _____

⑤ 경우
→ _____

⑥ 주소
→ _____

⑦ 연말에 먹는 메밀국수
→ _____

⑧ 연하장
→ _____

2 다음 일본어 단어를 뜻을 생각하면서 히라가나로 써 봅시다.

① 契約
→ _____

② 封筒
→ _____

③ 詳細
→ _____

④ 見積書
→ _____

⑤ 召し上がる
→ _____

⑥ ご覧になる
→ _____

⑦ 申す
→ _____

⑧ 配る
→ _____

3 밑줄 친 부분을 존경어로 바꾸어 봅시다.

> 先生は今、研究室にいます。
> → 先生は今、研究室にいらっしゃいます。

① 先生は今、本を読んでいます。

→ ＿＿＿＿＿＿＿＿＿＿＿＿＿＿＿＿＿＿＿＿＿＿＿＿＿＿＿＿＿＿。

② 先生はもうお昼ご飯を食べたそうです。

→ ＿＿＿＿＿＿＿＿＿＿＿＿＿＿＿＿＿＿＿＿＿＿＿＿＿＿＿＿＿＿。

③ 先生はその絵を見て、「素敵ですね」と言いました。

→ ＿＿＿＿＿＿＿＿＿＿＿＿＿＿＿＿＿＿＿＿＿＿＿＿＿＿＿＿＿＿。

④ 先生が直接行って、聞いたそうです。

→ ＿＿＿＿＿＿＿＿＿＿＿＿＿＿＿＿＿＿＿＿＿＿＿＿＿＿＿＿＿＿。

4 밑줄 친 부분을 겸양어로 바꾸어 봅시다.

> 先生の重そうな荷物を持ちました。
> → 先生の重そうな荷物をお持ちしました。

① 先生に会議の資料を送りました。

→ ＿＿＿＿＿＿＿＿＿＿＿＿＿＿＿＿＿＿＿＿＿＿＿＿＿＿＿＿＿＿。

② 先生の研究室に行って、自分の考えを言いました。

→ ＿＿＿＿＿＿＿＿＿＿＿＿＿＿＿＿＿＿＿＿＿＿＿＿＿＿＿＿＿＿。

③ 先生の絵を見て、感動しました。

→ ＿＿＿＿＿＿＿＿＿＿＿＿＿＿＿＿＿＿＿＿＿＿＿＿＿＿＿＿＿＿。

④ 初めて会った日、先生の家でこの料理を食べました。

→ ＿＿＿＿＿＿＿＿＿＿＿＿＿＿＿＿＿＿＿＿＿＿＿＿＿＿＿＿＿＿。

워크북 정답

1 海より山のほうが好きです

1
① 雷
② 鳴る
③ 野菜
④ 明ける
⑤ 交通
⑥ 温泉
⑦ すっかり
⑧ 魚

2
① しぼう
② つゆ
③ さつえい
④ えきまえ
⑤ どうぶつえん
⑥ せ
⑦ へいじつ
⑧ かわる

3
① 涼しくなりました
② 暖かくなりました
③ 暗くなりました
④ 安くなりました

4
① あの本ほど難しくありません
② あのホテルほど新しくありません
③ あの選手ほど上手ではありません
④ あのカフェほど静かではありません

2 花火大会に行くつもりです

1
① 恋人
② 準備
③ 花火
④ ヨーロッパ
⑤ 最高
⑥ クラシック
⑦ 合宿
⑧ 遊ぶ

2
① びじゅつかん
② さいしゅうび
③ みずぎ
④ めんきょ
⑤ ふんいき
⑥ は
⑦ みずうみ
⑧ ごうかく

3
① 朝から勉強するつもり
② 友だちと映画を見るつもり
③ 家でケーキを作るつもり
④ デパートで服を買うつもり

4
① 病院に行く
② 家を出発する
③ アルバイトが終わった
④ 宿題を終えた

3 花火を見るのは好きです

1
- ① 残業(ざんぎょう)
- ② 浴衣(ゆかた)
- ③ レジャーシート
- ④ 心配(しんぱい)
- ⑤ クッション
- ⑥ 汗(あせ)
- ⑦ 痛(いた)い
- ⑧ 荷物(にもつ)

2
- ① つかれ
- ② こんばん
- ③ かぜ
- ④ ねこむ
- ⑤ にあう
- ⑥ かいしょうほう
- ⑦ きゅうじんじょうほう
- ⑧ けんこう

3
- ① カラオケで歌(うた)うの
- ② 海外(かいがい)ドラマを見(み)るの
- ③ 週末(しゅうまつ)に映画館(えいがかん)に行(い)くの
- ④ ここで昼(ひる)ご飯(はん)を食(た)べるの

4
- ① 引(ひ)っ越(こ)すかもしれません
- ② 残業(ざんぎょう)があるかもしれません
- ③ 学校(がっこう)が休(やす)みになるかもしれません
- ④ 家族(かぞく)で海外旅行(かいがいりょこう)に行(い)くかもしれません

4 サークルも忙しいんです

1
- ① 学園祭(がくえんさい)
- ② ギプス
- ③ 移動(いどう)
- ④ チーズ
- ⑤ 期間(きかん)
- ⑥ 体験(たいけん)
- ⑦ 宿題(しゅくだい)
- ⑧ 新学期(しんがっき)

2
- ① てつだい
- ② ぜんせかい
- ③ しゅじんこう
- ④ ぜったい
- ⑤ ひま
- ⑥ あさねぼう
- ⑦ ようじ
- ⑧ ゆうえんち

3
- ① 手紙(てがみ)を書(か)いているんです
- ② ご飯(はん)を作(つく)っているんです
- ③ 試験(しけん)の勉強(べんきょう)をしているんです
- ④ 母(はは)の用事(ようじ)を手伝(てつだ)っているんです

4
- ① 窓(まど)を閉(し)めましょうか
- ② かばんを持(も)ちましょうか
- ③ エアコンをつけましょうか
- ④ 仕事(しごと)を少(すこ)し手伝(てつだ)いましょうか

5 ギターを弾くことができます

1
① 初級
② 申し込み
③ 眠る
④ トランペット
⑤ 顔色
⑥ 季節
⑦ 楽器
⑧ 座る

2
① しゅっちょう
② もぎてん
③ みりょく
④ せいせき
⑤ しょうめいしょ
⑥ しょっかん
⑦ ぜんぜん
⑧ てつや

3
① ケーキが作れます
② ピアノが弾けます
③ この単語が漢字で書けます
④ お酒がたくさん飲めます

4
① 焼きそばを作ったそうです
② 授業に遅刻したそうです
③ 友だちと花火を見たそうです
④ 映画を見に行ったそうです

6 この書類、なくさないでくださいね

1
① 記入
② 活動
③ チューター
④ 機械
⑤ 試合
⑥ 許可
⑦ 確か
⑧ 書類

2
① くつ
② ぬぐ
③ おうぼ
④ しんせい
⑤ せいり
⑥ たな
⑦ さわぐ
⑧ せんたくき

3
① 騒がないで
② たばこを吸わないで
③ 車を停めないで
④ ゴミを捨てないで

4
① たくさん練習しなくてはいけません
② 大学に行かなくてはいけません
③ 早く寝なくてはいけません
④ ご飯を食べた後に、薬を飲まなくてはいけません

7 少し高すぎませんか

1　① 別に
　② 順番
　③ 使う
　④ 値段
　⑤ 予算
　⑥ 食後
　⑦ レシート
　⑧ 気になる

2　① やく
　② かたい
　③ おなか
　④ まっくら
　⑤ ふつかよい
　⑥ ふろ
　⑦ ちょうし
　⑧ がまん

3　① お酒を飲みすぎて、まっすぐ歩けません
　② 肉が固すぎて、食べられません
　③ 値段が高すぎて、買えません
　④ カラオケで歌いすぎて、声が出せません

4　① とても悲しい話なので、知らないほうがいいですよ
　② 素晴らしい絵なので、売らないほうがいいですよ
　③ ストレスになるので、気にしないほうがいいですよ
　④ 午後に荷物が来るので、出かけないほうがいいですよ

8 セリに買いに行かせました

1　① おつまみ
　② 迎える
　③ 郵便
　④ 部下
　⑤ 解消
　⑥ 欠席
　⑦ 掃除
　⑧ どうやら

2　① ひしょ
　② とりひきさき
　③ かざり
　④ つゆいり
　⑤ ふりつづく
　⑥ みずぶそく
　⑦ かたづける
　⑧ かふんしょう

3　① 部屋の掃除をさせました
　② かばんを取りに行かせました
　③ 母を駅まで送らせました
　④ 銀行でお金を振り込ませました

4
① 今日の授業は休みのようです
② ケビンさんはひまなようです
③ 田中さんは会議中のようです
④ 高い所が苦手なようです

9 犬に手をかまれたんです

1
① 優しい
② 待つ
③ 大変だ
④ 事務室
⑤ 確認
⑥ ほめる
⑦ 降る
⑧ 急に

2
① こうばん
② ひとばんじゅう
③ おこる
④ ふむ
⑤ ぬれる
⑥ うらぎる
⑦ まかす
⑧ あせる

3
① ペットに死なれた
② 夫に結婚指輪をなくされた
③ 友だちに私の誕生日を忘れられた
④ 父に成績が悪かったので叱られた

4
① 違うバスに乗ってしまいました
② テストの日に寝坊してしまいました
③ 約束の2時間前に着いてしまいました
④ 授業のない日に学校に来てしまいました

10 雨が降ったら、カフェに行きましょう

1
① 散歩
② 公園
③ 紅葉
④ 宝くじ
⑤ できれば
⑥ 無料
⑦ 現金
⑧ 過去

2
① とうめい
② ばいてん
③ てんぼうしつ
④ はえる
⑤ あたる
⑥ さく
⑦ たいじゅう
⑧ にんき

3
① 手紙を書けば
② 次の試験で頑張れば
③ 本当の気持ちを話せば

④ 明日またここに来れば

4 ① 恋人と初めてデートするなら
② 外国人の友だちを連れて行くなら
③ おいしい韓国料理を食べるなら
④ 安くておしゃれな靴を買うなら

11 このお店にしようか

1 ① 図書館
② 映画館
③ 雰囲気
④ ボランティア
⑤ 夜ご飯
⑥ おかゆ
⑦ 成績
⑧ 交換

2 ① とる
② ほえる
③ きおく
④ ろうじん
⑤ かう
⑥ はたらく
⑦ こわい
⑧ こうねつ

3 ① サッカーの試合を見ようと思っているんだ
② 高校生の時の友だちに会おうと思っているんだ
③ ボランティアで町を掃除しようと思っているんだ
④ 恋人とおしゃれなバーでお酒を飲もうと思っているんだ

4 ① レポート、大変そう
② 電車で行ったほうがよさそう
③ 山田さんなら、すぐに間違いに気づきそう
④ 将来、すごい政治家になりそう

12 年越しそばを召し上がりますか

1 ① 伺う
② 過ごす
③ 最後
④ 卒業
⑤ 場合
⑥ 住所
⑦ 年越しそば
⑧ 年賀状

2 ① けいやく
② ふうとう
③ しょうさい
④ みつもりしょ
⑤ めしあがる
⑥ ごらんになる
⑦ もうす
⑧ くばる

3 ① 先生は今、本をお読みになって(読まれて)います

② 先生はもうお昼ご飯を召し上がった(食べられた)そうです

③ 先生はその絵をご覧になって(見られて)、「素敵ですね」とおっしゃいました(言われました)

④ 先生が直接いらっしゃって(行かれて)、お聞きになった(聞かれた)そうです

4 ① 先生に会議の資料をお送りしました

② 先生の研究室に伺って、自分の考えを申し上げました

③ 先生の絵を拝見して、感動いたしました

④ 初めてお目にかかった(お会いした)日、先生の家でこの料理をいただきました

MEMO

다락원 일본어 마스터 ③

일본어 마스터를 위한 나침반